Opinions sociales

Anatole France

Paris, 1902

FSC
www.fsc.org
MIXTE
Papier issu
de sources
responsables
Paper from
responsible sources
FSC® C105338

TABLE

CONTE
POUR COMMENCER GAIEMENT L'ANNÉE

« Horteur, le fondateur de l'*Étoile*, le directeur politique et littéraire de la *Revue nationale* et du *Nouveau Siècle illustré*, Horteur, m'ayant reçu dans son cabinet, me dit du fond de son siège directorial :

» — Mon bon Marteau, faites-moi un conte pour mon numéro exceptionnel du *Nouveau Siècle*. Trois cents lignes, à l'occasion du « jour de l'an ». Quelque chose de bien vivant, avec un parfum d'aristocratie.

» Je répondis à Horteur que je n'étais pas bon, au sens du moins où il le disait, mais que je lui donnerais volontiers un conte.

» — J'aimerais bien, me dit-il, que cela s'appelât : Conte pour les riches.

» — J'aimerais mieux : Conte pour les pauvres.

» — C'est ce que j'entends. Un conte qui inspire aux riches de la pitié pour les pauvres.

» — C'est que précisément je n'aime pas que les riches aient pitié des pauvres.

» — Bizarre !

» — Non pas bizarre, mais scientifique. Je tiens la pitié du riche envers le pauvre pour injurieuse et contraire à la fraternité humaine. Si vous voulez que je parle aux riches, je leur dirai : « Épargnez aux pauvres votre pitié : ils n'en ont que faire. Pourquoi la pitié, et non pas la justice ? Vous êtes en compte avec eux. Réglez le compte. Ce n'est pas une affaire de sentiment. C'est une affaire économique. Si ce que vous leur donnez gracieusement est pour prolonger leur pauvreté et votre richesse, ce don est inique et les larmes que vous y mêlerez ne le rendront pas équitable. Il faut restituer, comme disait le procureur au juge après le sermon du bon frère Maillard. Vous faites l'aumône pour ne pas restituer. Vous donnez un peu pour garder beaucoup et vous vous félicitez. Ainsi le tyran de Samos jeta son anneau à la mer. Mais la Némésis des dieux ne reçut point cette offrande. Un pêcheur rapporta au tyran son anneau dans le ventre d'un poisson. Et Polycrate fut dépouillé de toutes ses richesses. »

» — Vous plaisantez.

» — Je ne plaisante pas. Je veux faire entendre aux riches qu'ils sont bienfaisants au rabais et généreux à bon compte, qu'ils amusent le créancier, et que ce n'est pas ainsi qu'on fait les affaires. C'est un avis qui peut leur être utile.

» — Et vous voulez mettre des idées pareilles dans le *Nouveau Siècle,* pour couler la feuille ! Pas de ça ! mon ami, pas de ça !

» — Pourquoi voulez-vous que le riche agisse avec le pauvre autrement qu'avec les riches et les puissants ? Il leur paye ce qu'il leur doit, et, s'il ne leur doit rien, il ne leur paye rien. C'est la probité. S'il est probe, qu'il en fasse autant pour les pauvres. Et ne dites point que les riches ne doivent rien aux pauvres. Je ne crois pas qu'un seul riche le pense. C'est sur l'étendue de la dette que commencent les incertitudes. Et l'on n'est pas pressé d'en sortir. On aime mieux rester dans le vague. On sait qu'on doit. On ne sait pas ce qu'on doit, et l'on verse de temps en temps un petit acompte. Cela s'appelle la bienfaisance, et c'est avantageux.

» — Mais ce que vous dites là n'a pas le sens commun, mon cher collaborateur. Je suis peut-être plus socialiste que vous. Mais je suis pratique. Supprimer une souffrance, prolonger une existence, réparer une parcelle des injustices sociales, c'est un résultat. Le peu de bien qu'on fait est fait. Ce n'est pas tout, mais c'est quelque chose. Si le petit conte que je vous demande attendrit une centaine de mes riches abonnés et les dispose à donner, ce sera autant de gagné sur le mal et la souffrance. C'est ainsi que peu à peu on rend la condition des pauvres supportable.

» — Est-il bon que la condition des pauvres soit supportable ? La pauvreté est indispensable à la richesse, la richesse est nécessaire à la pauvreté. Ces deux maux s'engendrent l'un l'autre et s'entretiennent l'un par l'autre. Il ne faut pas améliorer la condition des pauvres ; il faut la supprimer. Je n'induirai pas les riches en aumône, parce que leur aumône est empoisonnée, parce que l'aumône fait du bien à celui qui donne et du mal à celui qui reçoit, et parce qu'enfin, la richesse étant par elle-même dure et cruelle, il ne faut pas qu'elle revête l'apparence trompeuse de la douceur. Puisque vous voulez que je fasse un conte pour les riches, je leur dirai : « Vos pauvres sont vos chiens que vous nourrissez pour mordre. Les assistés font aux possédants une meute qui aboie aux prolétaires. Les riches ne donnent qu'à ceux qui demandent. Les travailleurs ne demandent rien. Et ils ne reçoivent rien. »

» — Mais les orphelins, les infirmes, les vieillards ?…

» — Ils ont le droit de vivre. Pour eux je n'exciterai pas la pitié, j'invoquerai le droit.

» — Tout cela, c'est de la théorie ! Revenons à la réalité. Vous me ferez un petit conte à l'occasion des étrennes, et vous pourrez y mettre une pointe de socialisme. Le socialisme est assez à la mode. C'est une élégance. Je ne parle pas, bien entendu, du socialisme de Guesde, ni du socialisme de Jaurès ; mais d'un bon socialisme que les gens du monde opposent avec à-propos et esprit au collectivisme. Mettez-moi dans votre conte des figures jeunes. Il sera illustré, et l'on n'aime, dans les images, que les sujets gracieux. Mettez en scène une jeune fille, une charmante jeune fille. Ce n'est pas difficile.

» — Non, ce n'est pas difficile.

» — Ne pourriez-vous pas introduire aussi dans le conte un petit ramoneur ? J'ai une illustration toute faite, une gravure en couleurs, qui représente une jolie jeune fille faisant l'aumône à un petit ramoneur, sur les marches de la Madeleine. Ce serait une occasion de l'employer… Il fait froid, il neige ; la jolie demoiselle fait la charité au petit ramoneur… Vous voyez cela ?…

» — Je vois cela.

» — Vous broderez sur ce thème.

» — Je broderai. Le petit ramoneur, transporté de reconnaissance, se jette au cou de la jolie demoiselle qui se trouve être la propre fille de M. le comte de Linotte. Il lui donne un baiser et imprime sur la joue de cette gracieuse enfant un petit **O** de suie, un joli petit **O** tout rond et tout noir. Il l'aime. Edmée (elle se nomme Edmée) n'est pas insensible à un sentiment si sincère et si ingénu… Il me semble que l'idée est assez touchante.

» — Oui… vous pourrez en faire quelque chose.

» — Vous m'encouragez à continuer… Rentrée dans son appartement somptueux du boulevard Malesherbes, Edmée éprouve pour la première fois de la répugnance à se débarbouiller ; elle voudrait garder sur la joue l'empreinte des lèvres qui s'y sont posées. Cependant le petit ramoneur l'a suivie jusqu'à sa porte ; il reste en extase sous les fenêtres de l'adorable jeune fille… Cela va-t-il ?

» — Mais, oui…

» — Je poursuis. Le lendemain matin, Edmée, couchée dans son petit lit blanc, voit le petit ramoneur sortir de la cheminée de sa chambre. Il se jette ingénument sur la délicieuse enfant et la couvre de petits **O** de suie, tout ronds. J'ai oublié de vous dire qu'il est d'une beauté merveilleuse. La comtesse de Linotte le surprend dans ce doux travail. Elle crie, elle appelle. Il est si occupé qu'il ne la voit ni ne l'entend.

» — Mon cher Marteau…

» — Il est si occupé qu'il ne la voit ni ne l'entend. Le comte accourt. Il a l'âme d'un gentilhomme. Il prend le petit ramoneur par le fond de la culotte, qui précisément se présente à ses yeux, et le jette par la fenêtre.

» — Mon cher Marteau…

» — J'abrège… Neuf mois après, le petit ramoneur épousait la noble jeune fille. Et il n'était que temps. Voilà les suites d'une charité bien placée.

» — Mon cher Marteau, vous vous êtes assez payé ma tête.

» — N'en croyez rien. J'achève. Ayant épousé Mlle de Linotte, le petit ramoneur devint comte du Pape et se ruina aux courses. Il est aujourd'hui fumiste rue de la Gaîté, à Montparnasse. Sa femme tient la boutique et vend des salamandres, à 18 francs, payables en huit mois.

» — Mon cher Marteau, ce n'est pas drôle.

» — Prenez garde, mon cher Horteur. Ce que je viens de vous conter, c'est, au fond, *la Chute d'un ange*, de Lamartine, et l'*Eloa*, d'Alfred de Vigny. Et, à tout prendre, cela vaut mieux que vos petites histoires larmoyantes, qui font croire aux gens qu'ils sont très bons alors qu'ils ne sont pas bons du tout, qu'ils font du bien alors qu'ils ne font pas de bien, qu'il leur est facile d'être bienfaisants, alors que c'est la chose la plus difficile du monde. Mon conte est moral. De plus il est optimiste et finit bien. Car Edmée trouva dans la boutique de la rue de la Gaîté le bonheur qu'elle aurait cherché en vain dans les divertissements et les fêtes, si elle avait épousé un diplomate ou un officier… Mon cher directeur, répondez-moi : prenez-vous *Edmée ou la Charité bien placée* pour le *Nouveau Siècle illustré* ?

» — C'est que vous avez l'air de me le demander sérieusement ?…

» — Je vous le demande sérieusement. Si vous ne voulez pas de mon conte, je le publierai ailleurs.

» — Où ?

» — Dans une feuille bourgeoise.

» — Je vous en défie bien.

» — Vous verrez. »

CRAINQUEBILLE[1]

Jérôme Crainquebille, marchand des quatre-saisons, allait par la ville, poussant sa petite voiture et criant : Des choux, des carottes, des navets ! Et, quand il avait des poireaux, il criait : Bottes d'asperges ! parce que les poireaux sont les asperges du pauvre. Or, le 20 octobre, à l'heure de midi, comme il descendait la rue Montmartre, Mme Bayard, la cordonnière, *À l'Ange gardien*, sortit de sa boutique et s'approcha de la voiture légumière. Soulevant dédaigneusement une botte de poireaux :

— Ils ne sont guère beaux, vos poireaux. Combien la botte ?

— Quinze sous, la bourgeoise. Y a pas meilleur.

— Quinze sous, trois mauvais poireaux ?

Et elle rejeta la botte dans la charrette, avec un geste de dégoût.

C'est alors que l'agent 64 survint et dit à Crainquebille :

— Circulez.

Crainquebille, depuis cinquante ans, circulait du matin au soir. Un tel ordre lui sembla légitime et conforme à la nature des choses. Tout disposé à y obéir, il pressa la bourgeoise de prendre ce qui était à sa convenance.

— Faut encore que je choisisse la marchandise, répondit aigrement la cordonnière.

Et elle tâta de nouveau toutes les bottes de poireaux, puis elle garda celle qui lui parut la plus belle et elle la tint contre son sein comme les saintes, dans les tableaux d'église, pressent sur leur poitrine la palme triomphale.

— Je vas vous donner quatorze sous. C'est bien assez. Et encore il faut que j'aille les chercher dans la boutique, parce que je ne les ai pas sur moi.

Et, tenant ses poireaux embrassés, elle rentra dans la cordonnerie où une cliente, portant un enfant, l'avait précédée.

À ce moment l'agent 64 dit pour la deuxième fois à Crainquebille :

— Circulez !

— J'attends mon argent, répondit Crainquebille.

— Je ne vous dis pas d'attendre votre argent ; je vous dis de circuler, répondit l'agent avec fermeté.

Cependant la cordonnière, dans sa boutique, essayait des souliers bleus à un enfant de dix-huit mois dont la mère était pressée. Et les têtes vertes des poireaux reposaient sur le comptoir.

Depuis un demi-siècle qu'il poussait sa voiture dans les rues, Crainquebille avait appris à obéir aux représentants de l'autorité. Mais il se trouvait cette fois dans une situation particulière, entre un devoir et un droit. Il n'avait pas l'esprit juridique. Il ne comprit pas que la jouissance d'un droit individuel ne le dispensait pas d'accomplir un devoir social. Il considéra trop son droit qui était de recevoir quatorze sous, et il ne s'attacha pas assez à son devoir qui était de pousser sa voiture et d'aller plus avant et toujours plus avant. Il demeura.

Pour la troisième fois, l'agent 64, tranquille et sans colère, lui donna l'ordre de circuler. Contrairement à la coutume du brigadier Montauciel, qui menace sans cesse et ne sévit jamais, l'agent 64 est sobre d'avertissements et prompt à verbaliser. Tel est son caractère. Bien qu'un peu sournois, c'est un excellent serviteur et un loyal soldat. Le courage d'un lion et la douceur d'un enfant. Il ne connaît que sa consigne.

— Vous n'entendez donc pas, quand je vous dis de circuler !

Crainquebille avait de rester en place une raison trop considérable à ses yeux pour qu'il ne la crût pas suffisante. Il l'exposa simplement et sans art :

— Nom de nom ! puisque je vous dis que j'attends mon argent.

L'agent 64 se contenta de répondre :

— Voulez-vous que je vous f... une contravention ? Si vous le voulez, vous n'avez qu'à le dire.

En entendant ces paroles, Crainquebille haussa lentement les épaules et coula sur l'agent un regard douloureux qu'il éleva ensuite vers le ciel. Et ce regard disait :

— Que Dieu me voie ! Suis-je un contempteur des lois ? Est-ce que je me ris des décrets et des ordonnances qui régissent mon état ambulatoire ? À cinq heures du matin, j'étais sur le carreau des Halles. Depuis sept heures je me brûle les mains à mes brancards en criant : Des choux, des carottes, des navets ! J'ai soixante ans sonnés. Je suis las. Et vous me demandez si je lève le drapeau noir de la révolte. Vous vous moquez et votre raillerie est cruelle.

Soit que l'expression de ce regard lui eût échappé, soit qu'il n'y trouvât pas une excuse à la désobéissance, l'agent demanda d'une voix brève et rude si c'était compris.

Or, en ce moment précis, l'embarras des voitures était extrême dans la rue Montmartre. Les fiacres, les baquets, les tapissières, les omnibus, les camions, pressés les uns contre les autres, semblaient indissolublement joints et assemblés. Et sur leur immobilité frémissante s'élevaient des jurons et des cris. Les cochers de fiacre échangeaient, de loin, et lentement, avec les garçons bouchers, des injures héroïques, et les conducteurs d'omnibus, considérant Crainquebille comme la cause de l'embarras, l'appelaient « sale poireau ».

Cependant, sur le trottoir, des curieux se pressaient, attentifs à la querelle. Et l'agent, se voyant observé, ne songea plus qu'à faire montre de son autorité.

— C'est bon, dit-il.

Et il tira de sa poche un calepin crasseux et un crayon très court.

Crainquebille suivait son idée et obéissait à une force intérieure. D'ailleurs il lui était impossible maintenant d'avancer ou de reculer. La roue de sa charrette était malheureusement prise dans la roue d'une voiture de laitier.

Il s'écria, en s'arrachant les cheveux sous sa casquette :

— Mais, puisque je vous dis que j'attends mon argent ! C'est-il pas malheureux ! Misère de misère ! Bon sang de bon sang !

Par ces propos, qui pourtant exprimaient moins la révolte que le désespoir, l'agent 64 se crut insulté. Et comme, pour lui, toute insulte revêtait nécessairement la forme traditionnelle, régulière, consacrée, rituelle et pour ainsi dire liturgique de « Mort aux vaches ! », c'est sous cette forme que spontanément il recueillit et concréta dans son oreille les paroles du délinquant.

— Ah ! vous avez dit : « Mort aux vaches ! » C'est bon. Suivez-moi.

Crainquebille, dans l'excès de la stupeur et de la détresse, regardait avec ses gros yeux brûlés du soleil l'agent 64, et de sa voix cassée, qui lui sortait tantôt de dessus la tête et tantôt de dessous les talons, s'écriait, les bras croisés sur sa blouse bleue :

— J'ai dit : « Mort aux vaches » ? Moi ?... Oh !

Cette arrestation fut accueillie par les rires des employés de commerce et des petits garçons. Elle contentait le goût que toutes les foules d'hommes éprouvent pour les spectacles ignobles et violents. Mais, s'étant frayé un passage à travers le cercle populaire, un vieillard très triste, vêtu de noir et coiffé d'un chapeau de haute forme, s'approcha de l'agent et lui dit très doucement et très fermement, à voix basse :

— Vous vous êtes mépris. Cet homme ne vous a pas insulté.

— Mêlez-vous de ce qui vous regarde, lui répondit l'agent, sans proférer de menaces, car il parlait à un homme proprement mis.

Le vieillard insista avec beaucoup de calme et de ténacité. Et l'agent lui intima l'ordre de s'expliquer chez le Commissaire.

Cependant Crainquebille s'écriait :

— Alors ! que j'ai dit « Mort aux vaches ! » Oh !…

Il prononçait ces paroles étonnées quand Mme Bayard, la cordonnière, vint à lui, les quatorze sous dans la main. Mais déjà l'agent 64 le tenait au collet, et Mme Bayard, pensant qu'on ne devait rien à un homme conduit au poste, mit les quatorze sous dans la poche de son tablier.

Et voyant tout à coup sa voiture en fourrière, sa liberté perdue, l'abîme sous ses pas et le soleil éteint, Crainquebille murmura :

— Tout de même !…

Devant le Commissaire, le vieillard déclara que, arrêté sur son chemin par un embarras de voitures, il avait été témoin de la scène, qu'il affirmait que l'agent n'avait pas été insulté, et qu'il s'était totalement mépris. Il donna ses noms et qualités : docteur David Matthieu, médecin en chef de l'hôpital Ambroise-Paré, officier de la Légion d'honneur. En d'autres temps, un tel témoignage aurait suffisamment éclairé le Commissaire. Mais alors, en France, les savants étaient suspects.

Crainquebille, dont l'arrestation fut maintenue, passa la nuit au violon et fut transféré, le matin, dans le panier à salade, au dépôt.

La prison ne lui parut ni douloureuse, ni humiliante. Elle lui parut nécessaire. Ce qui le frappa en y entrant, ce fut la propreté des murs et du carrelage. Il dit :

— Pour un endroit propre, c'est un endroit propre. Vrai de vrai ! On mangerait par terre.

Laissé seul, il voulut tirer son escabeau ; mais il s'aperçut qu'il était enchaîné au mur. Il en exprima tout haut sa surprise :

— Quelle drôle d'idée ! Voilà une chose que j'aurais pas inventée, pour sûr.

S'étant assis, il tourna ses pouces et demeura dans l'étonnement. Le silence et la solitude l'accablaient. Il s'ennuyait et il pensait avec inquiétude à sa voiture mise en fourrière encore toute chargée de choux, de carottes, de céleri, de mâche et de pissenlit. Et il se demandait anxieux :

— Où qu'ils m'ont étouffé ma voiture ?

Le troisième jour, il reçut la visite de son avocat, Me Lemerle, un des plus jeunes membres du barreau de Paris, président d'une des sections de la « Ligue de la Patrie française ».

Crainquebille essaya de lui conter son affaire, ce qui ne lui était pas facile, car il n'avait pas l'habitude de la parole. Peut-être s'en serait-il tiré pourtant, avec un peu d'aide. Mais son avocat secouait la tête d'un air méfiant à tout ce qu'il disait, et, feuilletant des papiers, murmurait :

— Hum ! Hum ! je ne vois rien de tout cela au dossier…

Puis, avec un peu de fatigue, il dit en frisant sa moustache blonde :

— Dans votre intérêt, il serait peut-être préférable d'avouer. Pour ma part j'estime que votre système de dénégations absolues est d'une insigne maladresse.

Et dès lors Crainquebille eût fait des aveux s'il avait su ce qu'il fallait avouer.

M. le président Bourriche consacra six minutes pleines à l'interrogatoire de Crainquebille. Cet interrogatoire aurait apporté plus de lumière si l'accusé avait répondu aux questions qui lui étaient posées. Mais Crainquebille n'avait pas l'habitude de la discussion, et dans une telle compagnie le respect et l'effroi lui fermaient la bouche. Aussi gardait-il le silence et le président faisait lui-même les réponses ; elles étaient accablantes. Il conclut :

— Enfin, vous reconnaissez avoir dit : « Mort aux vaches ! »

Alors seulement l'inculpé Crainquebille tira de sa vieille gorge un bruit de ferraille et de carreaux cassés.

— J'ai dit : « Mort aux vaches ! » parce que M. l'agent a dit : « Mort aux vaches ! » Alors j'ai dit : « Mort aux vaches ! »

Il voulait faire entendre qu'étonné par l'imputation la plus imprévue, il avait, dans sa stupeur, répété les paroles étranges qu'on lui prêtait faussement et qu'il n'avait certes point prononcées. Il avait dit : « Mort aux vaches ! » comme il eût dit : « Moi ! tenir des propos injurieux, l'avez-vous pu croire ? »

M. le président Bourriche ne le prit pas ainsi.

— Prétendez-vous, dit-il, que l'agent a proféré le cri le premier !

Crainquebille renonça à s'expliquer. C'était trop difficile.

— Vous n'insistez pas. Vous avez raison, dit le président.

Et il fit appeler les témoins.

L'agent 64, de son nom Bastien Matra, jura de dire la vérité et de ne rien dire que la vérité. Puis il déposa en ces termes :

— Étant de service le 20 octobre, à l'heure de midi, je remarquai, dans la rue Montmartre, un individu qui me sembla être un vendeur ambulant et qui tenait sa charrette indûment arrêtée à la hauteur du numéro 328, ce qui occasionnait un encombrement de voitures. Je lui intimai par trois fois l'ordre de circuler, auquel il refusa d'obtempérer. Et sur ce que je l'avertis que j'allais verbaliser, il me répondit en criant : « Mort aux vaches ! » ce qui me sembla être injurieux.

Cette déposition, ferme et mesurée, fut écoutée avec une évidente faveur par le Tribunal. La défense avait cité Mme Bayard, cordonnière, et M. David Matthieu, médecin en chef de l'hôpital Ambroise-Paré, officier de la Légion d'honneur. Mme Bayard n'avait rien vu ni entendu. Le docteur Matthieu se trouvait dans la foule assemblée autour de l'agent qui sommait le marchand de circuler. Sa déposition amena un incident.

— J'ai été témoin de la scène, dit-il. J'ai remarqué que l'agent s'était mépris : il n'avait pas été insulté. Je m'approchai et lui en fis l'observation. L'agent maintint le marchand en état d'arrestation et m'invita à le suivre au commissariat. Ce que je fis. Je réitérai ma déclaration devant le Commissaire.

— Vous pouvez vous asseoir, dit le président. Huissier, rappelez le témoin Matra. — Matra, quand vous avez procédé à l'arrestation de l'accusé, M. le docteur Matthieu ne vous a-t-il pas fait observer que vous vous mépreniez ?

— C'est-à-dire, monsieur le président, qu'il m'a insulté.

— Que vous a-t-il dit ?

— Il m'a dit : « Mort aux vaches ! »

Une rumeur et des rires s'élevèrent dans l'auditoire.

— Vous pouvez vous retirer, dit le président avec précipitation.

Et il avertit le public que si ces manifestations indécentes se reproduisaient, il ferait évacuer la salle. Cependant la défense agitait triomphalement les manches de sa robe, et l'on pensait en ce moment que Crainquebille serait acquitté.

Le calme s'étant rétabli, Me Lemerle se leva. Il commença sa plaidoirie par l'éloge des agents de la Préfecture, « ces modestes serviteurs de la société, qui, moyennant un salaire dérisoire, endurent des fatigues et affrontent des périls incessants, et qui pratiquent l'héroïsme quotidien. Ce sont d'anciens soldats, et qui restent soldats. Soldats, ce mot dit tout… »

Et Me Lemerle s'éleva, sans effort, à des considérations très hautes sur les vertus militaires. Il était de ceux, dit-il, « qui ne permettent pas qu'on touche à l'armée, à cette armée nationale à laquelle il était fier d'appartenir ».

Le président inclina la tête.

Me Lemerle, en effet, était lieutenant dans la territoriale. Il était aussi candidat nationaliste dans le quartier des Vieilles-Haudriettes.

Il poursuivit :

« Non certes, je ne méconnais pas les services modestes et précieux que rendent journellement les gardiens de la paix à la vaillante population de Paris. Et je n'aurais pas consenti à vous présenter, messieurs, la défense de Crainquebille si j'avais vu en lui l'insulteur d'un ancien soldat. On accuse mon client d'avoir dit : « Mort aux vaches ! » Le sens de cette phrase n'est pas douteux. Si vous feuilletez le Dictionnaire de la langue verte, vous y lirez : « Vachard, paresseux, fainéant ; qui s'étend paresseusement comme une vache, au lieu de travailler. — Vache, qui se vend à la police ; mouchard. » Mort aux vaches ! se dit dans un certain monde. Mais toute la question est celle-ci : comment Crainquebille l'a-t-il dit ? Et même, l'a-t-il dit ? Permettez-moi, messieurs, d'en douter.

» Je ne soupçonne l'agent Matra d'aucune mauvaise pensée. Mais il accomplit, comme nous l'avons dit, une tâche pénible. Il est parfois fatigué, excédé, surmené. Dans ces conditions il peut avoir été la victime d'une sorte d'hallucination de l'ouïe. Et quand il vient vous dire, messieurs, que le docteur David Matthieu, officier de la Légion d'honneur, médecin en chef de l'hôpital Ambroise-Paré, un prince de la science et un homme du monde, a crié aussi : « Mort aux vaches ! » nous sommes bien forcés de reconnaître que Matra est en proie à la maladie de l'obsession, et, si le terme n'est pas trop fort, au délire de la persécution.

» Et alors même que Crainquebille aurait crié : « Mort aux vaches ! » il resterait à savoir si ce mot a, dans sa bouche, le caractère d'un délit. Crainquebille est l'enfant naturel d'une marchande ambulante, perdue d'inconduite et de boisson : il est né alcoolique. Vous le voyez ici abruti par soixante ans de misère. Messieurs, vous direz qu'il est irresponsable. »

Me Lemerle s'assit et M. le président Bourriche lut entre ses dents un jugement qui condamnait Jérôme Crainquebille à quinze jours de prison et 50 francs d'amende. Le Tribunal avait fondé sa conviction sur le témoignage de l'agent Matra.

Mené par les longs couloirs sombres du Palais, Crainquebille ressentit un immense besoin de sympathie. Il se tourna vers le garde de Paris qui le conduisait et l'appela trois fois :

— Cipal !… Cipal !… Hein ? Cipal !…

Et il soupira :

— Il y a seulement quinze jours, si on m'avait dit qu'il m'arriverait ce qui m'arrive !…

Puis il fit cette réflexion :

— Ils parlent trop vite, ces messieurs. Ils parlent bien, mais ils parlent trop vite. On peut pas s'expliquer avec eux… Cipal, vous trouvez pas qu'ils parlent trop vite ?

Mais le soldat marchait sans répondre ni tourner la tête.

Crainquebille lui demanda :

— Pourquoi que vous me répondez pas ?

Et le soldat garda le silence. Et Crainquebille lui dit avec amertume :

— On parle bien à un chien. Pourquoi que vous me parlez pas ? Vous ouvrez jamais la bouche : vous avez donc pas peur qu'elle pue ?

Crainquebille, reconduit en prison, s'assit, plein d'étonnement et d'admiration, sur son escabeau enchaîné. Il ne savait pas bien lui-même que les juges s'étaient trompés. Le Tribunal lui avait caché ses faiblesses intimes sous la majesté des formes. Il ne pouvait croire qu'il eût raison contre des magistrats dont il n'avait pas compris les raisons ; il lui était impossible de concevoir que quelque chose clochât dans une si belle cérémonie. Car, n'allant ni à la messe ni à l'Élysée, il n'avait, de sa vie, rien vu de si beau qu'un jugement en police correctionnelle. Il savait bien qu'il n'avait pas crié « Mort aux vaches ! » Et, qu'il eût été condamné à quinze jours de prison pour l'avoir crié, c'était, en sa pensée, un auguste mystère, un de ces articles de foi auxquels les croyants adhèrent sans les comprendre, une révélation obscure, éclatante, adorable et terrible.

Ce pauvre vieil homme se reconnaissait coupable d'avoir mystiquement offensé l'agent 64, comme le petit garçon qui va au catéchisme se reconnaît coupable du péché d'Ève. Il lui était enseigné, par son arrêt, qu'il avait crié : « Mort aux vaches ! » C'était donc qu'il avait crié : « Mort aux vaches ! » d'une façon mystérieuse, inconnue de lui-même. Il était transporté dans un monde surnaturel. Son jugement était son apocalypse.

S'il ne se faisait pas une idée nette du délit, il ne se faisait pas une idée plus nette de la peine. Sa condamnation lui avait paru une chose solennelle, rituelle et supérieure, une chose éblouissante, qui ne se comprend pas, qui ne se discute pas, et dont on n'a ni à se louer, ni à se plaindre. À cette heure il aurait vu le président Bourriche, une auréole au front, descendre, avec des ailes blanches, par le plafond entr'ouvert, qu'il n'aurait pas été surpris de cette nouvelle manifestation de la gloire judiciaire. Il se serait dit : « Voilà mon affaire qui continue ! »

Le lendemain son avocat vint le voir :

— Eh bien ! mon bonhomme, vous n'êtes pas trop mal ? Du courage ! une semaine est vite passée. Nous n'avons pas trop à nous plaindre.

— Pour ça, on peut dire que ces messieurs ont été bien doux, bien polis ; pas un gros mot. J'aurais pas cru. Et le cipal avait mis des gants blancs. Vous avez pas vu ?

— Tout pesé, nous avons bien fait d'avouer.

— Possible.

— Crainquebille, j'ai une bonne nouvelle à vous annoncer. Une personne charitable, que j'ai intéressée à votre position, m'a remis pour vous une somme de 50 francs qui sera affectée au payement de l'amende à laquelle vous avez été condamné.

— Alors, quand que vous me donnerez les 50 francs ?

— Ils seront versés au greffe. Ne vous en inquiétez pas.

— C'est égal. Je remercie tout de même la personne.

Et Crainquebille, méditatif, murmura :

— C'est pas ordinaire ce qui m'arrive.

— N'exagérez rien, Crainquebille. Votre cas n'est pas rare, loin de là.

— Vous pourriez pas me dire où qu'ils m'ont étouffé ma voiture ?

Crainquebille, sorti de prison, poussait sa voiture, rue Montmartre, en criant : Des choux, des navets, des carottes ! Il n'avait ni orgueil ni honte de son aventure. Il n'en gardait pas un souvenir pénible. Cela tenait, dans son esprit, du théâtre, du voyage et du rêve. Il était surtout content de marcher dans la boue, sur le pavé de la ville, et de voir sur sa tête le ciel tout en eau et sale comme le ruisseau, le bon ciel de sa ville. Il s'arrêtait à tous les coins de rue pour boire un verre ; puis, libre et joyeux, ayant craché dans ses mains pour en lubrifier la paume calleuse, il empoignait les brancards et poussait la charrette, tandis que, devant lui, les moineaux, comme lui matineux et pauvres, qui cherchaient leur vie sur la chaussée, s'envolaient en gerbe avec son cri familier : Des choux, des navets, des carottes ! Une vieille ménagère, qui s'était approchée, lui disait, en tâtant des céleris :

— Qu'est-ce qui vous est donc arrivé, père Crainquebille ? Il y a bien trois semaines qu'on ne vous a pas vu. Vous avez été malade ? Vous êtes un peu pâle.

— Je vas vous dire, m'ame Mailloche, j'ai fait le rentier.

Rien n'est changé dans sa vie, à cela près qu'il va chez le troquet plus souvent que d'habitude, parce qu'il a l'idée que c'est fête, et qu'il a fait connaissance avec des personnes charitables. Il rentre, un peu gai, dans sa soupente. Étendu dans le plumard, il ramène sur lui les sacs que lui a prêtés le marchand de marrons du coin et qui lui servent de couverture, et il songe : « La prison, il n'y a pas à se plaindre ; on y a tout ce qui vous faut. Mais on est tout de même mieux chez soi. »

Son contentement fut de courte durée. Il s'aperçut vite que les clientes lui firent grise mine.

— Des beaux céleris, m'ame Cointreau !

— Il ne me faut rien.

— Comment qu'il ne vous faut rien ? Vous vivez pourtant pas de l'air du temps.

Et m'ame Cointreau, sans lui faire de réponse, rentrait fièrement dans la grande boulangerie dont elle était la patronne. Les boutiquières et les concierges, naguère assidues autour de sa voiture verdoyante et fleurie, maintenant se détournaient de lui. Parvenu à la cordonnerie de l'*Ange gardien*, qui est le point où commencèrent ses aventures judiciaires, il appela :

— M'ame Bayard, m'ame Bayard, vous me devez quinze sous de l'autre fois.

Mais m'ame Bayard, qui siégeait à son comptoir, ne daigna pas tourner la tête.

Toute la rue Montmartre savait que le père Crainquebille sortait de prison, et toute la rue Montmartre ne le connaissait plus. Le bruit de sa condamnation était parvenu jusqu'au faubourg et à l'angle tumultueux de la rue Richer. Là, vers midi, il aperçut Mme Laure, sa bonne et fidèle cliente, penchée sur la voiture du petit Martin. Elle tâtait un gros chou. Ses cheveux brillaient au soleil comme d'abondants fils d'or largement tordus. Et le petit Martin, un pas grand'chose, un sale coco, lui jurait, la main sur son cœur, qu'il n'y avait pas plus belle marchandise que la sienne. À ce spectacle, le cœur de Crainquebille se déchira.

Il poussa sa voiture sur celle du petit Martin et dit à Mme Laure d'une voix plaintive et brisée :

— C'est pas bien de me faire des infidélités.

Mme Laure, comme elle le reconnaissait elle-même, n'était pas une duchesse. Ce n'est pas dans le monde qu'elle s'était fait une idée du panier à salade et du Dépôt. Mais on peut être honnête dans tous les états, pas vrai ? Chacun a son amour-propre, et l'on n'aime pas avoir affaire à un individu qui sort de prison. Aussi ne répondit-elle à Crainquebille qu'en simulant un haut de cœur.

Et le vieux marchand ambulant, ressentant l'affront, hurla :

— Dessalée, va !

Mme Laure en laissa tomber son chou vert, et s'écria :

— Eh ! va donc, vieux cheval de retour ! Ça sort de prison, et ça insulte les personnes !

Crainquebille, s'il avait été de sang-froid, n'aurait jamais reproché à Mme Laure sa condition. Il savait trop qu'on ne fait pas ce qu'on veut dans la vie, qu'on ne choisit pas son métier, et qu'il y a du bon monde partout. Il avait coutume d'ignorer sagement ce que faisaient chez elles les clientes, et il ne méprisait personne. Mais il était hors de lui. Il donna par trois fois à Mme Laure les noms de dessalée, de charogne et de roulure. Un cercle de curieux se forma autour de Mme Laure et de Crainquebille, qui échangèrent encore plusieurs injures aussi solennelles que les premières, et qui eussent égrené tout du long leur chapelet, si un agent soudainement apparu ne les avait, par son silence et son immobilité, rendus tout à coup aussi muets et immobiles que lui. Ils se séparèrent. Mais cette scène acheva de perdre Crainquebille dans l'esprit du faubourg Montmartre et de la rue Richer.

Et le vieil homme allait marmonnant :

— Pour sûr que c'est une morue. Et même y a pas plus morue que cette femme-là.

Mais dans le fond de son cœur, ce n'est pas de cela qu'il faisait un reproche. Il ne la méprisait pas d'être ce qu'elle était. Il l'en estimait plutôt, la sachant économe et rangée. Autrefois ils causaient tous deux volontiers ensemble. Elle lui parlait de ses parents qui habitaient la campagne. Et ils formaient tous deux le même vœu de cultiver un petit jardin et d'élever des poules. C'était une bonne cliente. De la voir acheter des choux au petit Martin, un sale coco, un pas grand'chose, il en avait reçu un coup dans l'estomac ; et quand il l'avait vue faisant mine de le mépriser, la moutarde lui avait monté au nez, et dame !

Le pis, c'est qu'elle n'était pas la seule qui le traitât comme un galeux. Personne ne voulait plus le connaître. De même que Mme Laure, Mme Cointreau la boulangère, Mme Bayard de l'*Ange gardien* le méprisaient et le repoussaient. Toute la société, quoi !

Alors ! parce qu'on avait été mis pour quinze jours à l'ombre, on n'était plus bon seulement à vendre des poireaux ! Est-ce que c'était juste ? Est-ce qu'il y avait du bon sens à faire mourir de faim un brave homme parce qu'il avait eu des difficultés avec les flics ? S'il ne pouvait plus vendre ses légumes, il n'avait plus qu'à crever.

Comme le vin maltraité, il tournait à l'aigre. Après avoir eu « des mots » avec Mme Laure, il en avait maintenant avec tout le monde. Pour un rien, il disait leur fait aux chalandes, et sans mettre de gants, je vous prie de le croire. Si elles tâtaient un peu longtemps la marchandise, il les appelait proprement râleuses et purées ; pareillement, chez le troquet, il engueulait les camarades. Son ami, le marchand de marrons, qui ne le reconnaissait plus, déclarait que ce sacré père Crainquebille était un vrai porc-épic. On ne peut le nier : il devenait incongru, mauvais coucheur, mal embouché, fort en gueule. C'est que, trouvant la société imparfaite, il avait moins de facilité qu'un professeur de l'École des sciences morales et politiques à exprimer ses idées sur les vices du système et sur les réformes nécessaires, et que ses pensées ne se déroulaient pas dans sa tête avec ordre et mesure.

Le malheur le rendait injuste. Il se revanchait sur ceux qui ne lui voulaient pas de mal et quelquefois sur de plus faibles que lui. C'est ainsi qu'il donna une gifle à Alphonse, le petit du marchand de vin, qui lui avait demandé si on était bien à l'ombre. Il le gifla et lui dit :

— Sale gosse ! c'est ton père qui devrait être à l'ombre au lieu de s'enrichir à vendre du poison.

Acte et parole qui ne lui faisaient pas honneur ; car, ainsi que le marchand de marrons le lui remontra justement, on ne doit pas battre un enfant, ni lui reprocher son père, qu'il n'a pas choisi.

Il s'était mis à boire. Moins il gagnait d'argent, plus il buvait d'eau-de-vie. Autrefois économe et sobre, il s'émerveillait lui-même de ce changement.

— J'ai jamais été fricoteur, disait-il. Faut croire qu'on devient moins raisonnable en vieillissant.

Parfois il jugeait sévèrement son inconduite et sa paresse :

— Mon vieux Crainquebille, t'es plus bon que pour lever le coude.

Parfois il se trompait lui-même et se persuadait qu'il buvait par besoin :

— Faut comme ça, de temps en temps, que je boive un verre pour me donner des forces et pour me rafraîchir. Sûr que j'ai quelque chose de brûlé dans l'intérieur. Et il y a encore que la boisson comme rafraîchissement.

Souvent il manquait la criée matinale et ne se fournissait plus que de marchandise avariée qu'on lui livrait à crédit. Un jour, se sentant les jambes molles et le cœur las, il laissa sa voiture dans la remise et passa toute la sainte journée à tourner autour de l'étal de Mme Rose, la tripière, et devant tous les troquets des Halles. Le soir, assis sur un panier, il songea, et il eut conscience de sa déchéance. Il se rappela sa force première et ses antiques travaux, ses longues fatigues et ses gains heureux, ses jours innombrables, égaux et pleins ; les cent pas, la nuit, sur le carreau des Halles, en attendant la criée ; les légumes enlevés par brassées et rangés avec art dans la voiture, le petit noir de la mère Théodore avalé tout chaud d'un coup, au pied levé, les brancards empoignés solidement ; son cri, vigoureux comme le chant du coq, déchirant l'air matinal, sa course par les rues populeuses, toute sa vie innocente et rude de cheval humain, qui, durant un demi-siècle, porta, sur son étal roulant, aux citadins brûlés de veilles et de soucis, la fraîche moisson des jardins potagers. Et secouant la tête il soupira :

— Non ! j'ai plus le courage que j'avais. Je suis fini. Tant va la cruche à l'eau qu'à la fin elle se casse. Et puis, depuis mon affaire en justice, je n'ai plus le même caractère. Je suis plus le même homme, quoi !

Enfin, il était démoralisé. Un homme dans cet état-là, autant dire que c'est un homme par terre et incapable de se relever. Tous les gens qui passent lui pilent dessus.

La misère vint, la misère noire. Le vieux marchand ambulant, qui rapportait autrefois du faubourg Montmartre les pièces de cent sous à plein sac, maintenant n'avait plus un rond. C'était l'hiver. Expulsé de sa soupente, il coucha sous des charrettes, dans une remise. Les pluies ayant tombé pendant vingt-quatre jours, les égouts débordèrent et la remise fut inondée.

Accroupi dans sa voiture, au-dessus des eaux empoisonnées, en compagnie des araignées, des rats et des chats faméliques, il songeait dans l'ombre. N'ayant rien mangé de la journée et n'ayant plus pour se couvrir les sacs du marchand de marrons, il se rappela la semaine durant laquelle le gouvernement lui avait donné le vivre et le couvert. Il envia le sort des prisonniers, qui ne souffrent ni du froid ni de la faim, et il lui vint une idée :

— Puisque je connais le truc, pourquoi que je ne m'en servirais pas ?

Il se leva et sortit dans la rue. Il n'était guère plus de onze heures. Il faisait un temps aigre et noir. Une bruine tombait, plus froide et plus pénétrantes que la pluie. De rares passants se coulaient au ras des murs.

Crainquebille longea l'église Saint-Eustache et tourna dans la rue Montmartre. Elle était déserte. Un gardien de la paix se tenait planté sur le trottoir, au chevet de l'église, sous un bec de gaz, et l'on voyait, autour de la flamme, tomber une petite pluie rousse. L'agent la recevait sur son capuchon. Il avait l'air transi, mais soit qu'il préférât la lumière à l'ombre, soit qu'il fût las de marcher, il restait sous son candélabre, et peut-être s'en faisait-il un compagnon, un ami. Cette flamme tremblante était son seul entretien dans la nuit solitaire. Son immobilité ne paraissait pas tout à fait humaine ; le reflet de ses bottes sur le trottoir mouillé, qui semblait un lac, le prolongeait inférieurement et lui donnait de loin l'aspect d'un monstre amphibie, à demi sorti des eaux. De plus près, encapuchonné et armé, il avait l'air monacal et militaire. Les gros traits de son visage, encore grossis par l'ombre du capuchon, étaient paisibles et tristes. Il avait une moustache épaisse, courte et grise. C'était un vieux sergot, un homme d'une quarantaine d'années.

Crainquebille s'approcha doucement de lui et, d'une voix hésitante et faible, lui dit :

— Mort aux vaches !

Puis il attendit l'effet de cette parole consacrée. Mais elle ne fut suivie d'aucun effet. Le sergot resta immobile et muet, les bras croisés sous son manteau court. Ses yeux, grands ouverts et qui luisaient dans l'ombre, regardaient Crainquebille avec tristesse, vigilance et mépris.

Crainquebille étonné, mais gardant encore un reste de résolution, balbutia :

— Mort aux vaches ! que je vous ai dit.

Il y eut un long silence durant lequel tombait la pluie fine et rousse et régnait l'ombre glaciale. Enfin le sergot parla :

— Ce n'est pas à dire… Pour sûr et certain que ce n'est pas à dire. À votre âge on devrait avoir plus de connaissance… Passez votre chemin.

— Pourquoi que vous m'arrêtez pas ? demanda Crainquebille.

Le sergot secoua la tête sous son capuchon humide :

— S'il fallait empoigner tous les poivrots qui disent ce qui n'est pas à dire, y en aurait de l'ouvrage !… Et de quoi que ça servirait ?

Crainquebille, accablé par ce dédain magnanime, demeura longtemps stupide et muet, les pieds dans le ruisseau. Avant de partir, il essaya de s'expliquer :

— C'était pas pour vous que j'ai dit : « Mort aux vaches ! » C'était pas plus pour l'un que pour l'autre que je l'ai dit. C'était pour une idée.

Le sergot répondit avec une austère douceur :

— Que ce soye pour une idée ou pour autre chose, ce n'était pas à dire, parce que quand un homme fait son devoir et qu'il endure bien des souffrances, on ne doit pas l'insulter par des paroles futiles… Je vous réitère de passer votre chemin.

Crainquebille, la tête basse et les bras ballants, s'enfonça sous la pluie dans l'ombre.

----

1. ↥ Nous publions ici les chapitre II, III, V, VI, VII et VIII, de l'édition originale et complète publiée par E. Pelletan, 125, boulevard Saint-Germain.

CLOPINEL[1]

C'était le premier jour de l'an. Par les rues blondes d'une boue fraîche, entre deux averses, M. Bergeret et sa fille Pauline allaient porter leurs souhaits à une tante maternelle qui vivait encore, mais pour elle seule et peu, et qui habitait dans la rue Rousselet un petit logis de béguine, sur un potager, dans le son des cloches conventuelles. Pauline était joyeuse sans raison et seulement parce que ces jours de fête, qui marquent le cours du temps, lui rendaient plus sensibles les progrès charmants de sa jeunesse.

M. Bergeret gardait, en ce jour solennel, son indulgence coutumière, n'attendant plus grand bien des hommes et de la vie, mais sachant, comme M. Fagon, qu'il faut beaucoup pardonner à la nature. Le long des voies, les mendiants, dressés comme des candélabres ou étalés comme des reposoirs, faisaient l'ornement de cette fête sociale. Ils étaient tous venus parer les quartiers bourgeois, nos pauvres, truands, cagoux, piètres et malingreux, callots et sabouleux, francs-mitoux, drilles, courtauts de boutanche. Mais, subissant l'effacement universel des caractères et se conformant à la médiocrité générale des mœurs, ils n'étalaient pas, comme aux âges du grand Coësre, des difformités horribles et des plaies épouvantables. Ils n'entouraient point de linges sanglants leurs membres mutilés. Ils étaient simples, ils n'affectaient que des infirmités supportables. L'un d'eux suivit assez longtemps M. Bergeret en clochant du pied, et toutefois d'un pas agile. Puis il s'arrêta et se remit en lampadaire au bord du trottoir.

Après quoi M. Bergeret dit à sa fille :

— Je viens de commettre une mauvaise action : je viens de faire l'aumône. En donnant deux sous à Clopinel, j'ai goûté la joie honteuse d'humilier mon semblable, j'ai consenti le pacte odieux qui assure au fort sa puissance et au faible sa faiblesse, j'ai scellé de mon sceau l'antique iniquité, j'ai contribué à ce que cet homme n'eût qu'une moitié d'âme.

— Tu as fait tout cela, papa ? dit Pauline incrédule.

— Presque tout cela, répondit M. Bergeret. J'ai vendu à mon frère Clopinel de la fraternité à faux poids. Je me suis humilié en l'humiliant. Car l'aumône avilit également celui qui la reçoit et celui qui la fait. J'ai mal agi.

— Je ne crois pas, dit Pauline.

— Tu ne le crois pas, répondit M. Bergeret, parce que tu n'as pas de philosophie et que tu ne sais pas tirer d'une action innocente en apparence les conséquences infinies qu'elle porte en elle. Ce Clopinel m'a induit en aumône. Je n'ai pu résister à l'importunité de sa voix de complainte. J'ai plaint son maigre cou sans linge, ses genoux que le pantalon, tendu par un trop long usage, rend tristement pareils aux genoux d'un chameau, ses pieds au bout desquels les souliers vont le bec ouvert comme un couple de canards. Séducteur ! Ô dangereux Clopinel ! Clopinel délicieux ! Par toi, mon sou produit un peu de bassesse, un peu de honte. Par toi, j'ai constitué avec un sou une parcelle de mal et de laideur. En te communiquant ce petit signe de la richesse et de la puissance, je t'ai fait capitaliste avec ironie et convié sans honneur au banquet de la société, aux fêtes de la civilisation. Et aussitôt j'ai senti que j'étais un puissant de ce monde au regard de toi, un riche près de toi, doux Clopinel, mendigot exquis, flatteur ! Je me suis réjoui, je me suis enorgueilli, je me suis complu dans mon opulence et ma grandeur. Vis, ô Clopinel ! *Pulcher hymnus divitiarum pauper immortalis.*

Exécrable pratique de l'aumône ! Pitié barbare de l'élémosyne ! Antique erreur du bourgeois qui donne un sou et qui pense faire le bien, et qui se croit quitte envers tous ses frères, par le plus misérable, le plus gauche, le plus ridicule, le plus sot, le plus pauvre acte de tous ceux qui peuvent être accomplis en vue d'une meilleure répartition des richesses. Cette coutume de faire l'aumône est contraire à la bienfaisance et en horreur à la charité.

— C'est vrai ? demanda Pauline avec bonne volonté.

— L'aumône, poursuivit M. Bergeret, n'est pas plus comparable à la bienfaisance que la grimace d'un singe ne ressemble au sourire de la Joconde. La bienfaisance est ingénieuse autant que l'aumône est inepte. Elle est vigilante, elle proportionne son effort au besoin. C'est précisément ce que je n'ai point fait à l'endroit de mon frère

Clopinel. Le nom seul de bienfaisance éveillait les plus douces idées dans les âmes sensibles, au siècle des philosophes. On croyait que ce nom avait été créé par le bon abbé de Saint-Pierre. Mais il est plus ancien et se trouve déjà dans le vieux Balzac. Au XVIᵉ siècle, on disait bénéficence. C'est le même mot. J'avoue que je ne retrouve pas à ce mot de bienfaisance sa beauté première ; il m'a été gâté par les pharisiens qui l'ont trop employé. Nous avons dans notre société beaucoup d'établissements de bienfaisance, monts-de-piété, sociétés de prévoyance, d'assurance mutuelle. Quelques-uns sont utiles et rendent des services. Leur vice commun est de procéder de l'iniquité sociale qu'ils sont destinés à corriger et d'être des médecines contaminées. La bienfaisance universelle, c'est que chacun vive de son travail et non du travail d'autrui. Hors l'échange et la solidarité, tout est vil, honteux, infécond. La charité humaine, c'est le concours de tous dans la production et le partage des fruits.

« Elle est la justice ; elle est amour, et les pauvres y sont plus habiles que les riches. Quels riches exercèrent jamais aussi pleinement qu'Épictète ou que Benoît Malon la charité du genre humain ? La charité véritable, c'est le don des œuvres de chacun à tous, c'est la belle bonté, c'est le geste harmonieux de l'âme qui se penche comme un vase plein de nard précieux et qui se répand en bienfaits, c'est Michel-Ange peignant la chapelle Sixtine, ou les députés à l'Assemblée nationale dans la nuit du 4 août ; c'est le don répandu dans sa plénitude heureuse, l'argent coulant pêle-mêle avec l'amour et la pensée. Nous n'avons rien en propre que nous-mêmes. On ne donne vraiment que quand on donne son travail, son âme, son génie. Et cette offrande magnifique de tout soi à tous les hommes enrichit le donateur autant que la communauté.

— Mais, objecta Pauline, tu ne pouvais pas donner de l'amour et de la beauté à Clopinel. Tu lui as donné ce qui lui était le plus convenable.

— Il est vrai que Clopinel est devenu une brute. De tous les biens qui peuvent flatter un homme, il ne goûte que l'alcool. J'en juge à ce qu'il puait l'eau-de-vie, quand il m'approcha. Mais tel qu'il est, il est notre ouvrage. Notre orgueil fut son père ; notre iniquité sa mère. Il est le fruit mauvais de nos vices. Tout homme en société doit donner et recevoir. Celui-ci n'a pas assez donné sans doute parce qu'il n'a pas assez reçu.

— C'est peut-être un paresseux, dit Pauline. Comment ferons-nous, mon Dieu, pour qu'il n'y ait plus de pauvres, plus de faibles, ni de paresseux ? Est-ce que tu ne crois pas que les hommes sont bons naturellement et que c'est la société qui les rend méchants ?

— Non. Je ne crois pas que les hommes soient bons naturellement, répondit M. Bergeret. Je vois plutôt qu'ils sortent péniblement et peu à peu de la barbarie originelle et qu'ils organisent à grand effort une justice incertaine et une bonté précaire. Le temps est loin encore où ils seront doux et bienveillants les uns pour les autres. Le temps est loin où ils ne feront plus la guerre entre eux et où les tableaux qui représentent des batailles seront cachés aux yeux comme immoraux et offrant un spectacle honteux. Je crois que le règne de la violence durera longtemps encore, que longtemps les peuples s'entre-déchireront pour des raisons frivoles, que longtemps les citoyens d'une même nation s'arracheront furieusement les uns aux autres les biens nécessaires à la vie, au lieu d'en faire un partage équitable. Mais je crois aussi que les hommes sont moins féroces quand ils sont moins misérables, que les progrès de l'industrie déterminent à la longue quelque adoucissement dans les mœurs, et je tiens d'un botaniste que l'aubépine transportée d'un terrain sec en un sol gras y change ses épines en fleurs.

— Vois-tu ? tu es optimiste, papa ! Je le savais bien, s'écria Pauline en s'arrêtant au milieu du trottoir pour fixer un moment sur son père le regard de ses yeux gris d'aube, pleins de lumière douce et de fraîcheur matinale. Tu es optimiste. Tu travailles de bon cœur à bâtir la maison future. C'est bien, cela ! C'est beau de construire avec les hommes de bonne volonté la république nouvelle.

M. Bergeret sourit à cette parole d'espoir et à ces yeux d'aurore.

— Oui, dit-il, ce serait beau d'établir la société nouvelle, où chacun recevrait le prix de son travail.

— N'est-ce pas que cela sera ?… Mais quand ? demanda Pauline avec candeur.

Et M. Bergeret répondit, non sans douceur ni tristesse :

— Ne me demande pas de prophétiser, mon enfant. Ce n'est pas sans raison que les anciens ont considéré le pouvoir de percer l'avenir comme le don le plus funeste que puisse recevoir un homme. S'il nous était possible de voir ce qui viendra, nous n'aurions plus qu'à mourir, et peut-être tomberions-nous foudroyés de douleur ou d'épouvante. L'avenir, il y faut travailler comme les tisseurs de haute lice travaillent à leurs tapisseries, sans le voir.

Ainsi conversaient en cheminant le père et la fille. Devant le square de la rue de Sèvres, ils rencontrèrent un mendigot solidement implanté sur le trottoir.

— Je n'ai plus de monnaie, dit M. Bergeret. As-tu une pièce de dix sous à me donner, Pauline ? Cette main tendue me barre la rue. Nous serions sur la place de la Concorde, qu'elle me barrerait la place. Le bras allongé d'un misérable est une barrière que je ne saurais franchir. C'est une faiblesse que je ne puis vaincre. Donne à ce truand. C'est pardonnable. Il ne faut pas s'exagérer le mal qu'on fait.

— Papa, je suis inquiète de savoir ce que tu feras de Clopinel, dans ta république. Car tu ne penses pas qu'il vive des fruits de son travail ?

— Ma fille, répondit M. Bergeret, je crois qu'il consentira à disparaître. Il est déjà très diminué. La paresse, le goût du repos le dispose à l'évanouissement final, il rentrera dans le néant avec facilité.

— Je crois au contraire qu'il est très content de vivre.

— Il est vrai qu'il a des joies. Il lui est délicieux sans doute d'avaler le vitriol de l'assommoir. Il disparaîtra avec le dernier mastroquet. Il n'y aura plus de marchands de vin, dans ma république. Il n'y aura plus d'acheteurs ni de vendeurs. Il n'y aura plus de riches ni de pauvres. Et chacun jouira du fruit de son travail.

— Nous serons tous heureux, mon père.

— Non. La sainte pitié, qui fait la beauté des âmes, périrait en même temps que périrait la souffrance. Cela ne sera pas. Le mal moral et le mal physique, sans cesse combattus, partageront sans cesse avec le bonheur et la joie l'empire de la terre, comme les nuits y succéderont aux jours. Le mal est nécessaire. Il a comme le bien sa source profonde dans la nature, et l'un ne saurait être tari sans l'autre. Nous ne sommes heureux que parce que nous sommes malheureux. La souffrance est sœur de la joie, et leurs haleines jumelles, en passant sur nos cordes, les font résonner harmonieusement. Le souffle seul du bonheur rendrait un son monotone et fastidieux, et pareil au silence. Mais aux maux inévitables, à ces maux à la fois vulgaires et augustes qui résultent de la condition humaine ne s'ajouteront plus les maux artificiels qui résultent de notre condition sociale. Les hommes ne seront plus déformés par un travail inique dont ils meurent plutôt qu'ils n'en vivent. L'esclave sortira de l'ergastule, et l'usine ne dévorera plus que les corps par millions.

» Cette délivrance, je l'attends de la machine elle-même. La machine qui a broyé tant d'hommes viendra en aide doucement, généreusement, à la tendre chair humaine. La machine, d'abord cruelle et dure, deviendra bonne, favorable, amie. Comment changera-t-elle d'âme ? Écoute. L'étincelle qui jaillit de la bouteille de Leyde, la petite étoile subtile qui se révéla, dans le siècle dernier, au physicien émerveillé, accomplira ce prodige. L'Inconnue qui s'est laissée vaincre sans se laisser connaître, la force mystérieuse et captive, l'insaisissable saisi par nos mains, la foudre docile, mise en bouteilles et dévidée sur les innombrables fils qui couvrent la terre de leur réseau, l'électricité portera sa force, son aide, partout où il faudra, dans les maisons, dans les chambres, au foyer où le père et la mère et les enfants ne seront plus séparés. Ce n'est point un rêve. La machine farouche, qui broie dans l'usine les chairs et les âmes, deviendra domestique, intime et familière. Mais ce n'est rien, non, ce n'est rien que les poulies, les engrenages, les bielles, les manivelles, les glissières, les volants s'humanisent, si les hommes gardent un cœur de fer.

» Nous attendons, nous appelons un changement plus merveilleux encore. Un jour viendra où le patron, s'élevant en beauté morale, deviendra un ouvrier parmi les ouvriers affranchis, où il n'y aura plus de salaire, mais échange de biens. La haute industrie, comme la vieille noblesse qu'elle remplace et qu'elle imite, fera sa nuit du 4 Août. Elle abandonnera des gains disputés et des privilèges menacés. Elle sera généreuse quand elle sentira qu'il est temps de l'être. Et que dit aujourd'hui le patron ? Qu'il est l'âme et la pensée, et que sans lui son armée d'ouvriers serait comme un corps privé d'intelligence. Eh bien ! s'il est la pensée, qu'il se contente de cet honneur et de cette joie. Faut-il, parce qu'on est pensée et esprit, qu'on se gorge de richesses ? Quand le grand Donatello fondait avec ses compagnons une statue de bronze, il était l'âme de l'œuvre. Le prix qu'il en recevait du prince ou des citoyens, il le mettait dans un panier qu'on hissait par une poulie à une poutre de l'atelier. Chaque compagnon dénouait la corde à son tour et prenait dans le panier selon ses besoins. N'est-ce point assez de produire par l'intelligence, et cet avantage dispense-t-il le maître ouvrier de partager le gain avec ses humbles collaborateurs ? Mais dans ma république il n'y aura plus de gains ni de salaires et tout sera à tous.

— Papa, c'est le collectivisme, cela, dit Pauline avec tranquillité.

— Les biens les plus précieux, répondit M. Bergeret, sont communs à tous les hommes, et le furent toujours. L'air et la lumière appartiennent en commun à tout ce qui respire et voit la clarté du jour. Après les travaux séculaires de l'égoïsme et de l'avarice, en dépit des efforts violents des individus pour saisir et garder des trésors, les biens individuels dont jouissent les plus riches d'entre nous sont encore peu de chose en comparaison de ceux qui appartiennent indistinctement à tous les hommes. Et dans notre société même, ne vois-tu pas que les biens les plus doux ou les plus splendides, routes, fleuves, forêts autrefois royales, bibliothèques, musées appartiennent à tous ? Aucun riche ne possède plus que moi ce vieux chêne de Fontainebleau ou ce tableau du Louvre. Et ils sont plus à moi qu'au riche, si je sais mieux en jouir. La propriété collective, qu'on redoute comme un monstre lointain, nous entoure déjà sous mille formes familières. Elle effraye quand on l'annonce, et l'on use déjà des avantages qu'elle procure.

» Les positivistes qui s'assemblent dans la maison d'Auguste Comte, autour du vénéré M. Pierre Laffitte, ne sont point pressés de devenir socialistes. Mais l'un d'eux a fait cette remarque judicieuse que la propriété est de source sociale. Et rien n'est plus vrai, puisque toute propriété acquise par un effort individuel n'a pu naître et subsister que par le concours de la communauté toute entière. Et puisque la propriété privée est de source sociale, ce n'est point en méconnaître l'origine ni en corrompre l'essence que de l'étendre à la communauté et la commettre à l'État dont elle dépend nécessairement. Et qu'est-ce que l'État ?…

Mlle Bergeret s'empressa de répondre à cette question :

— L'État, mon père, c'est un monsieur piteux et malgracieux assis derrière un guichet. Tu comprends qu'on n'a pas envie de se dépouiller pour lui.

— Je comprends, répondit M. Bergeret en souriant. Je me suis toujours incliné à comprendre, et j'y ai perdu des énergies précieuses. Je découvre sur le tard que c'est une grande force que de ne pas comprendre. Cela permet parfois de conquérir le monde. Si Napoléon avait été aussi intelligent que Spinoza, il aurait écrit quatre volumes dans une mansarde. Je comprends. Mais ce monsieur malgracieux et piteux qui est assis derrière un guichet, tu lui confies tes lettres, Pauline, que tu ne confierais pas à l'agence Tricoche. Il administre une partie de tes biens, et non la moins vaste, ni la moins précieuse. Tu lui vois un visage morose. Mais quand il sera tout il ne sera plus rien. Ou plutôt, il ne sera plus que nous. Anéanti par son universalité, il cessera de paraître tracassier. On n'est plus méchant, ma fille, quand on n'est plus personne. Ce qu'il a de déplaisant à l'heure qu'il est, c'est qu'il rogne sur la propriété individuelle, qu'il va grattant et limant, mordant peu sur les gros et beaucoup sur les maigres. Cela le rend insupportable. Il est avide. Il a des besoins. Dans ma république, il sera sans désirs, comme les dieux. Il aura tout et il n'aura rien. Nous ne le sentirons pas, puisqu'il sera conforme à nous, indistinct de nous. Il sera comme s'il n'était pas. Et quand tu crois que je sacrifie les particuliers à l'État, la vie à une abstraction, c'est au contraire l'abstraction que je subordonne à la réalité, l'État que je supprime en l'identifiant à toute l'activité sociale.

» Si même cette république ne devait jamais exister, je me féliciterais d'en avoir caressé l'idée. Il est permis de bâtir en Utopie. Et Auguste Comte lui-même, qui se flattait de ne construire que sur les données de la science positive, a placé Campanella dans le calendrier des grands hommes.

» Les rêves des philosophes ont de tout temps suscité des hommes d'action qui se sont mis à l'œuvre pour les réaliser.

Notre pensée crée l'avenir. Les hommes d'État travaillent sur les plans que nous laissons après notre mort. Ce sont nos maçons et nos goujats. Non, ma fille, je ne bâtis pas en Utopie. Mon songe, qui ne m'appartient nullement et qui est, en ce moment même, le songe de mille et mille âmes, est véritable et prophétique. Toute société dont les organes ne correspondent plus aux fonctions pour lesquelles ils ont été créés, et dont les membres ne sont point nourris en raison du travail utile qu'ils produisent, meurt. Des troubles profonds, des désordres intimes précèdent sa fin et l'annoncent.

» La société féodale était fortement constituée. Quand le clergé cessa d'y représenter le savoir et la noblesse d'y défendre par l'épée le laboureur et l'artisan, quand ces ordres ne furent plus que des membres gonflés et nuisibles, tout le corps périt ; une révolution imprévue et nécessaire emporta le malade. Qui soutiendrait que, dans la société actuelle, les organes correspondent aux fonctions et que tous les membres sont nourris en raison du travail utile qu'ils produisent ? Qui soutiendrait que la richesse est justement répartie ? Qui peut croire enfin à la durée de l'iniquité ?

— Et comment la faire cesser, mon père ? Comment changer le monde ?

— Par la parole, mon enfant. Rien n'est plus puissant que la parole. L'enchaînement des fortes raisons et des hautes pensées est un lien qu'on ne peut rompre. La parole, comme la fronde de David, abat les violents et fait tomber les forts.

C'est l'arme invincible. Sans cela le monde appartiendrait aux brutes armées. Qui donc les tient en respect ? Seule, sans armes et nue, la pensée.

» Je ne verrai pas la cité nouvelle. Tous les changements dans l'ordre social comme dans l'ordre naturel sont lents et presque insensibles. Un géologue d'un esprit profond, Charles Lyell, a démontré que ces traces effrayantes de la période glaciaire, ces rochers énormes traînés dans les vallées, cette flore des froides contrées et ces animaux velus succédant à la faune et à la flore des pays chauds, ces apparences de cataclysmes sont, en réalité, l'effet d'actions multiples et prolongées, et que ces grands changements, produits avec la lenteur clémente des forces naturelles, ne furent pas même soupçonnés par les innombrables générations des êtres animés qui y assistèrent. Les transformations sociales s'opèrent, de même, insensiblement et sans cesse. L'homme timide redoute, comme un cataclysme futur, un changement commencé avant sa naissance, qui s'opère sous ses yeux, sans qu'il le voie, et qui ne deviendra sensible que dans un siècle. »

————————

1. ↑ Extrait de *Monsieur Bergeret à Paris*, chap. XVII. (Note Wikisource).

ROUPART[1]

M. Bergeret aimait et estimait hautement les gens de métier. Ne faisant point de grands aménagements, il n'avait guère occasion d'appeler des ouvriers ; mais, quand il en employait un, il s'efforçait de lier conversation avec lui, comptant bien en tirer quelques paroles substantielles.

Aussi fit-il un gracieux accueil au menuisier Roupart qui vint, un matin, poser des bibliothèques dans le cabinet de travail.

Cependant, couché à sa coutume, au fond du fauteuil de son maître, Riquet dormait en paix. Mais le souvenir immémorial des périls qui assiégeaient leurs aïeux sauvages dans les forêts rend léger le sommeil des chiens domestiques. Il convient de dire aussi que cette aptitude héréditaire au prompt réveil était entretenue chez Riquet par le sentiment du devoir. Riquet se considérait lui-même comme un chien de garde. Fermement convaincu que sa fonction était de garder la maison, il en concevait une heureuse fierté.

Par malheur, il se figurait les maisons comme elles sont dans les campagnes et dans les Fables de la Fontaine, entre cour et jardin, et telles qu'on peut en faire le tour en flairant le sol parfumé des odeurs des bêtes et du fumier. Il ne se mettait pas dans l'esprit le plan de l'appartement que son maître occupait au cinquième étage d'un grand immeuble. Faute de connaître les limites de son domaine, il ne savait pas précisément ce qu'il avait à garder. Et c'était un gardien féroce. Pensant que la venue de cet inconnu en pantalon bleu rapiécé, qui sentait la sueur et traînait des planches, mettait la demeure en péril, il sauta à bas du fauteuil et se mit à aboyer à l'homme, en reculant devant lui avec une lenteur héroïque. M. Bergeret lui ordonna de se taire, et il obéit à regret, surpris et triste de voir son dévouement inutile et ses avis méprisés. Son regard profond, tourné vers son maître, semblait lui dire :

— Tu reçois cet anarchiste avec les engins qu'il traîne après lui. J'ai fait mon devoir, advienne que pourra.

Il reprit sa place accoutumée et se rendormit. M. Bergeret, quittant les scoliastes de Virgile, commença de converser avec le menuisier. Il lui fit d'abord des questions touchant le débit, la coupe et le polissage des bois, et l'assemblage des planches. Il aimait à s'instruire et savait l'excellence du langage populaire.

Roupart, tourné contre le mur, lui faisait des réponses interrompues par de longs silences, pendant lesquels il prenait des mesures. C'est ainsi qu'il traita des lambris et des assemblages.

— L'assemblage à tenon et mortaise, dit-il, ne veut point de colle, si l'ouvrage est bien dressé.

— N'y a-t-il point aussi, demanda M. Bergeret, l'assemblage en queue d'aronde ?

— Il est rustique et ne se fait plus, répondit le menuisier.

Ainsi le professeur s'instruisait en écoutant l'artisan. Ayant assez avancé l'ouvrage, le menuisier se tourna vers M. Bergeret. Sa face creusée, ses grands traits, son teint brun, ses cheveux collés au front et sa barbe de bouc toute grise de poussière lui donnaient l'air d'une figure de bronze. Il sourit d'un sourire pénible et doux et montra ses dents blanches, et il parut jeune.

— Je vous connais, monsieur Bergeret.

— Vraiment ?

— Oui, oui, je vous connais… Monsieur Bergeret, vous avez fait tout de même quelque chose qui n'est pas ordinaire… Ça ne vous fâche pas que je vous le dise ?

— Nullement.

— Eh bien, vous avez fait quelque chose qui n'est pas ordinaire. Vous êtes sorti de votre caste et vous n'avez pas voulu frayer avec les défenseurs du sabre et du goupillon.

— Je déteste les faussaires, mon ami, répondit M. Bergeret. Cela devrait être permis à un philologue. Je n'ai pas caché ma pensée. Mais je ne l'ai pas beaucoup répandue. Comment la connaissez-vous ?

— Je vais vous dire. On voit du monde, rue Saint-Jacques, à l'atelier. On en voit des uns et des autres, des gros et des maigres. En rabotant mes planches, j'entendais Pierre qui disait : « Cette canaille de Bergeret ! » Et Paul lui demandait : « Est-ce qu'on ne lui cassera pas la gueule ? » Alors j'ai compris que vous étiez du bon côté dans l'Affaire. Il n'y en a pas beaucoup de votre espèce dans le cinquième.

— Et que disent vos amis ?

— Les socialistes ne sont pas bien nombreux par ici, et ils ne sont pas d'accord. Samedi dernier, à la Fraternelle, nous étions quatre pelés et un tondu et nous nous sommes pris aux cheveux. Le camarade Fléchier, un vieux, un combattant de 70, un communard, un déporté, un homme, est monté à la tribune et nous a dit : « Citoyens, tenez-vous tranquilles. Les bourgeois intellectuels ne sont pas moins bourgeois que les bourgeois militaires. Laissez les capitalistes se manger le nez. Croisez-vous les bras, et regardez venir les antisémites. Pour l'heure, ils font l'exercice avec un fusil de paille et un sabre de bois. Mais quand il s'agira de procéder à l'expropriation des capitalistes, je ne vois pas d'inconvénients à commencer par les juifs. »

» Et là-dessus, les camarades ont fait aller leurs battoirs. Mais, je vous le demande, est-ce que c'est comme ça que devait parler un vieux communard, un bon révolutionnaire ? Je n'ai pas d'instruction comme le citoyen Fléchier, qui a étudié dans les livres de Marx. Mais je me suis bien aperçu qu'il ne raisonnait pas droit. Parce qu'il me semble que le socialisme, qui est la vérité, est aussi la justice et la bonté, que tout ce qui est juste et bon en sort naturellement comme la pomme du pommier. Il me semble que combattre une injustice, c'est travailler pour nous, les prolétaires, sur qui pèsent toutes les injustices. À mon idée, tout ce qui est équitable est un commencement de socialisme. Je pense comme Jaurès que marcher avec les défenseurs de la violence et du mensonge, c'est tourner le dos à la révolution sociale. Je ne connais ni juifs ni chrétiens. Je ne connais que des hommes, et je ne fais de distinction entre eux que de ceux qui sont justes et de ceux qui sont injustes. Qu'ils soient juifs ou chrétiens, il est difficile aux riches d'être équitables. Mais quand les lois seront justes, les hommes seront justes. Dès à présent les collectivistes et les libertaires préparent l'avenir en combattant toutes les tyrannies et en inspirant aux peuples la haine de la guerre et l'amour du genre humain. Nous pouvons dès à présent faire un peu de bien. C'est ce qui nous empêchera de mourir désespérés et la rage au cœur. Car bien sûr nous ne verrons pas le triomphe de nos idées, et quand le collectivisme sera établi sur le monde, il y aura beau temps que je serai sorti de ma soupente les pieds devant… Mais je jase et le temps file. »

Il tira sa montre, et, voyant qu'il était onze heures, il endossa sa veste, ramassa ses outils, enfonça sa casquette jusqu'à la nuque et dit sans se retourner :

— Pour sûr que la bourgeoisie est pourrie ! Ça s'est vu du reste dans l'affaire Dreyfus.

Et il s'en alla déjeuner.

Alors, soit qu'en son léger sommeil un songe eût effrayé son âme obscure, soit qu'épiant, à son réveil, la retraite de l'ennemi, il en prît avantage, soit que le nom qu'il venait d'entendre l'eût rendu furieux, ainsi que le maître feignit de le croire, Riquet s'élança la gueule ouverte et le poil hérissé, les yeux en flammes, sur les talons de Roupart qu'il poursuivit de ses aboiements frénétiques.

Demeuré seul avec lui, M. Bergeret lui adressa, d'un ton plein de douceur, ces paroles attristées :

— Toi aussi, pauvre petit être noir, si faible en dépit de tes dents pointues et de ta gueule profonde, qui, par l'appareil de la force, rendent ta faiblesse ridicule et ta poltronnerie amusante, toi aussi tu as le culte des grandeurs de chair et la religion de l'antique iniquité. Toi aussi tu adores l'injustice par respect pour l'ordre social qui t'assure ta niche et ta pâtée. Toi aussi tu tiendrais pour véritable un jugement irrégulier, obtenu par le mensonge et la fraude. Toi aussi tu es le jouet des apparences. Toi aussi tu te laisses séduire par des mensonges. Tu te nourris de fables grossières. Ton esprit ténébreux se repaît de ténèbres. On te trompe et tu te trompes avec une plénitude délicieuse. Toi aussi tu as des haines de race, des préjugés cruels, le mépris des malheureux.

Et comme Riquet tournait sur lui un regard d'une innocence infinie, M. Bergeret reprit avec plus de douceur encore :

— Je sais : tu as une bonté obscure, la bonté de Caliban. Tu es pieux, tu as ta théologie et ta morale, tu crois bien faire. Et puis tu ne sais pas. Tu gardes la maison, tu la gardes même contre ceux qui la défendent et qui l'ornent. Cet artisan que tu voulais en chasser a, dans sa simplicité, des pensées admirables. Tu ne l'as pas écouté.

Tes oreilles velues entendent non celui qui parle le mieux, mais celui qui crie le plus fort. Et la peur, la peur naturelle, qui fut la conseillère de tes ancêtres, et des miens, à l'âge des cavernes, la peur qui fit les dieux et les crimes, te détourne des malheureux et t'ôte la pitié. Et tu ne veux pas être juste. Tu regardes comme une figure étrangère la face blanche de la Justice, divinité nouvelle, et tu rampes devant les vieux dieux, noirs comme toi, de la violence et de la peur. Tu admires la force brutale parce que tu crois qu'elle est la force souveraine, et que tu ne sais pas qu'elle se dévore elle-même. Tu ne sais pas que toutes les ferrailles tombent devant une idée juste…

Tu ne sais pas que la force véritable est dans la sagesse et que les nations ne sont grandes que par elle. Tu ne sais pas que ce qui fait la gloire des peuples, ce ne sont pas les clameurs stupides, poussées sur les places publiques, mais la pensée auguste, cachée dans quelque mansarde et qui, un jour, répandue par le monde, en changera la face. Tu ne sais pas que ceux-là honorent leur patrie qui, pour la justice, ont souffert la prison, l'exil et l'outrage. Tu ne sais pas. »

----

1. ↑ Extrait de *Monsieur Bergeret à Paris*, chap. VII. (Note Wikisource).

ALLOCUTIONS

ALLOCUTION

PRONONCÉE À LA FÊTE INAUGURALE

DE L'ÉMANCIPATION

UNIVERSITÉ POPULAIRE DU XVe ARRONDISSEMENT

LE 21 NOVEMBRE 1899

Citoyennes et citoyens,

L'association que nous inaugurons aujourd'hui est formée pour l'étude. Ce sont des hommes qui se réunissent pour penser en commun. Vous voulez acquérir des connaissances qui donneront à vos idées de l'exactitude et de l'étendue et qui vous enrichiront ainsi d'une richesse intérieure et véritable. Vous voulez apprendre pour comprendre et retenir, au rebours de ces fils de riches qui n'étudient que pour passer des examens et qui, l'épreuve finie, ont hâte de débarrasser leurs cerveaux de leur science, comme d'un meuble encombrant. Votre désir est plus noble et plus désintéressé. Et comme vous vous proposez de travailler à votre propre développement, vous rechercherez ce qui est vraiment utile et ce qui est vraiment beau.

Les connaissances utiles à la vie ne sont pas seulement celles des métiers et des arts. S'il est nécessaire que chacun sache son métier, il est utile à chacun d'interroger la nature qui nous a formés et la société dans laquelle nous vivons. Quel que soit notre état parmi nos semblables, nous sommes avant tout des hommes et nous avons grand intérêt à connaître les conditions nécessaires de la vie humaine. Nous dépendons de la terre et de la société, et c'est en recherchant les causes de cette dépendance que nous pourrons imaginer les moyens de la rendre plus facile et plus douce. C'est parce que les découvertes des grandes lois physiques qui régissent les mondes ont été lentes, tardives, longtemps renfermées dans un petit nombre d'intelligences, qu'une morale barbare, fondée sur une fausse interprétation des phénomènes de la nature, a pu s'imposer à la masse des hommes et les soumettre à des pratiques imbéciles et cruelles.

Croyez-vous, par exemple, citoyens, que, si les savants avaient connu plus tôt la vraie situation du globe terrestre tournant en compagnie de quelques autres globes, ses frères, autour d'un soleil qui nage lui-même dans l'espace infini, peuplé d'une multitude d'autres soleils, pères ardents et lumineux d'une multitude de mondes, — pensez-vous que, si dans les siècles anciens un grand nombre d'hommes avaient eu cette juste idée de l'univers et y avaient suffisamment attaché leur pensée, c'eût été possible de les effrayer en leur faisant croire qu'il y a sous terre un enfer et des diables ? C'est la science qui nous affranchit de ces vaines terreurs, que certes vous avez rejetées loin de vous. Et ne voyez-vous pas que de l'étude de la nature vous tirerez une foule de conséquences morales qui rendront votre pensée plus assurée et plus tranquille ?

La connaissance de l'être humain n'est pas moins profitable. En suivant les transformations de l'homme depuis l'époque où il vivait nu, armé de flèches de pierre, dans des cavernes, jusqu'à l'âge actuel des machines, au règne de la vapeur et de l'électricité, vous embrasserez les grandes phases de l'évolution de notre race.

La connaissance des progrès accomplis vous permettra de pressentir, de solliciter les progrès futurs. Peut-être voudrez-vous vous tenir de préférence dans des temps voisins du nôtre et rechercher dans un passé récent l'origine de l'état actuel de la société. Là encore, là surtout l'étude vous sera d'un grand profit. En recherchant comment s'est formée et accrue la force capitaliste, vous jugerez mieux des moyens qu'il faut employer pour la maîtriser, à l'exemple des grands inventeurs qui n'ont asservi la nature qu'après l'avoir patiemment observée.

Vous étudierez les faits de bonne foi, sans parti pris ni système préconçu. Les vrais savants — et j'en vois ici — vous diront que la science veut garder son indépendance et sa liberté, et qu'elle ne se soumet à aucune puissance étrangère. Est-ce à dire que vous poursuivrez vos recherches sans direction ni but déterminé ? Non. Vous entreprenez une œuvre idéale mais définie, immense mais précise. Vous vous proposez de travailler mutuellement à développer votre être intellectuel et moral, à vous rendre plus sûrs de vous-mêmes, et plus conscients de vos forces, par une connaissance plus exacte des nécessités de la vie sur la planète, et des conditions particulières où chacun se trouve dans la société actuelle. Votre association est constituée pour vous solliciter les uns les autres à penser et à réfléchir à la place des privilégiés, qui ne s'en donnent plus la peine, et pour vous assurer ainsi une part dans l'élaboration d'un ordre de choses nouveau et meilleur, puisque, malgré les coups de force, c'est la pensée qui conduit le monde, comme la boussole dans la tempête montre encore la route aux navires.

Votre association recherchera ce qu'il y a de plus utile à connaître dans la science. Elle vous découvrira ce qu'il y a de plus agréable à considérer dans l'art. Ne vous refusez pas à mêler dans vos études l'agréable à l'utile. D'ailleurs, comment les séparer, si l'on a un peu de philosophie ? Comment marquer le point où finit l'utile et où commence l'agréable ? Une chanson, est-ce que cela ne sert à rien ? La *Marseillaise* et la *Carmagnole* ont renversé les armées des rois et des empereurs. Est-ce qu'un sourire est inutile ? Est-ce donc si peu de plaire et de charmer ?

Vous entendez parfois des moralistes vous dire qu'il ne faut rien accorder à l'agrément dans la vie. Ne les écoutez pas. Une longue tradition religieuse, qui pèse encore sur nous, nous enseigne que la privation, la souffrance et la douleur sont des biens désirables et qu'il y a des mérites spéciaux attachés à la privation volontaire. Quelle imposture ! C'est en disant aux peuples qu'il faut souffrir en ce monde pour être heureux dans l'autre qu'on a obtenu d'eux une pitoyable résignation à toutes les oppressions et à toutes les iniquités. N'écoutons pas les prêtres qui enseignent que la souffrance est excellente. C'est la joie qui est bonne !

Nos instincts, nos organes, notre nature physique et morale, tout notre être nous conseille de chercher le bonheur sur la terre. Il est difficile de le rencontrer. Ne le fuyons point. Ne craignons pas la joie ; et lorsqu'une forme heureuse ou une pensée riante nous offre du plaisir, ne la refusons pas. Votre association est de cet avis. Elle est prête à vous offrir, avec des pensées utiles, des pensées agréables, qui sont utiles aussi. Elle vous fera connaître les grands poètes : Racine, Corneille, Molière, Victor Hugo, Shakespeare. Ainsi nourris, vos esprits croîtront en force et en beauté.

Et il est temps, citoyens, qu'on sente votre force, et que votre volonté, plus claire et plus belle, s'impose pour établir un peu de raison et d'équité dans un monde qui n'obéit plus qu'aux suggestions de l'égoïsme et de la peur. Nous avons vu ces derniers temps la société bourgeoise et ses chefs incapables de nous assurer la justice, je ne dis pas la justice idéale et future, mais seulement la vieille justice boiteuse, survivante des âges rudes. Celle-là, qui les protégeait, les insensés, dans leur folie, ils viennent de lui porter un coup mortel. Nous les avons vus triompher dans le mensonge, aspirer à la plus brutale des tyrannies, souffler dans les rues la guerre civile et la haine du genre humain.

À vous, citoyens, à vous, travailleurs, de hausser vos esprits et vos cœurs, et de vous rendre capables, par l'étude et la réflexion, de préparer l'avènement de la justice sociale et de la paix universelle.

ALLOCUTION

PRONONCÉE LE 4 MARS 1900 À LA FÊTE INAUGURALE
DE L'UNIVERSITÉ POPULAIRE
« LE RÉVEIL » DES 1er ET 2e ARRONDISSEMENTS.

Citoyens,

En poursuivant sa marche lente, à travers les obstacles, vers la conquête des pouvoirs publics et des forces sociales, le prolétariat a compris la nécessité de mettre dès à présent la main sur la science et de s'emparer des armes puissantes de la pensée.

Partout, à Paris et dans les provinces, se fondent et se multiplient ces universités populaires, destinées à répandre parmi les travailleurs ces richesses intellectuelles longtemps renfermées dans la classe bourgeoise.

Votre association, le Réveil des 1er et 2e arrondissements, se jette dans cette grande entreprise avec un élan généreux et une pleine conscience de la réalité. Vous avez compris qu'on n'agit utilement qu'à la clarté de la science. Et qu'est en effet la science ? Mécanique, physique, physiologie, biologie, qu'est-ce que tout cela, sinon la connaissance de la nature et de l'homme, ou plus précisément la connaissance des rapports de l'homme avec la nature et des conditions mêmes de la vie ? Vous sentez qu'il nous importe grandement de connaître les conditions de la vie afin de nous soumettre à celles-là seules qui sont nécessaires, et non point aux conditions arbitraires, souvent humiliantes ou pénibles, que l'ignorance et l'erreur nous ont imposées. Les dépendances naturelles qui résultent de la constitution de la planète et des fonctions de nos organes sont assez étroites et pressantes pour que nous prenions garde de ne pas subir encore des dépendances arbitraires. Avertis par la science, nous nous soumettons à la nature des choses, et cette soumission auguste est notre seule soumission.

L'ignorance n'est si détestable que parce qu'elle nourrit les préjugés qui nous empêchent d'accomplir nos vraies fonctions, en nous en imposant de fausses qui sont pénibles et parfois malfaisantes et cruelles, à ce point qu'on voit, sous l'empire de l'ignorance, les plus honnêtes gens devenir criminels par devoir. L'histoire des religions nous en fournit d'innombrables exemples : sacrifices humains, guerres religieuses, persécutions, bûchers, vœux monastiques, exécrables pratiques issues moins de la méchanceté des hommes que de leur insanité. Si l'on réfléchit sur les misères qui, depuis l'âge des cavernes jusqu'à nos jours encore barbares, ont accablé la malheureuse humanité, on en trouve presque toujours la cause dans une fausse interprétation des phénomènes de la nature et dans quelqu'une de ces doctrines théologiques qui donnent de l'univers une explication atroce et stupide. Une mauvaise physique produit une mauvaise morale, et c'est assez pour que, durant des siècles, des générations humaines naissent et meurent dans un abîme de souffrances et de désolation.

En leur longue enfance, les peuples ont été asservis aux fantômes de la peur, qu'ils avaient eux-mêmes créés. Et nous, si nous touchons enfin le bord des ténèbres théologiques, nous n'en sommes pas encore tout à fait sortis. Ou pour mieux dire, dans la marche inégale et lente de la famille humaine, quand déjà la tête de la caravane est entrée dans les régions lumineuses de la science, le reste se traîne encore sous les nuées épaisses de la superstition, dans des contrées obscures, pleines de larves et de spectres.

Ah ! que vous avez raison, citoyens, de prendre la tête de la caravane ! Que vous avez raison de vouloir la lumière, d'aller demander conseil à la science. Sans doute, il vous reste peu d'heures, le soir, après le dur travail du jour, bien peu d'heures pour l'interroger, cette science qui répond lentement aux questions qu'on lui fait et qui livre l'un après l'autre, sans hâte, ses secrets innombrables. Nous devons tous nous résigner à n'obtenir d'elle que des parcelles de vérité. Mais il y a à considérer dans la science la méthode et les résultats. Les résultats, vous en prendrez ce que vous pourrez. La méthode, plus précieuse encore que les résultats, puisqu'elle les a tous produits et qu'elle en produira encore une infinité d'autres, la méthode, vous saurez vous l'approprier, et elle vous procurera les moyens de conduire sûrement votre esprit dans toutes les recherches qu'il vous sera utile de faire.

Citoyens, le nom que vous avez donné à votre université montre assez que vous sentez que l'heure est venue des pensées vigilantes. Vous l'avez appelée « le Réveil », sans doute parce que vous sentez qu'il est temps de chasser les fantômes de la nuit et de vous tenir alertes et debout, prêts à défendre les droits de l'esprit contre les ennemis de la pensée et la République, contre ces étranges libéraux, qui ne réclament de liberté que contre la liberté.

Il m'était réservé d'annoncer votre noble effort et de vous féliciter de votre entreprise.

Je l'ai fait avec joie et en aussi peu de mots que possible. J'aurais considéré comme un grand tort envers vous de retarder, fût-ce d'un instant, l'heure où vous entendrez la grande voix de Jaurès.

———————

ALLOCUTION

PRONONCÉE À LA FÊTE D'INAUGURATION

DES NOUVEAUX LOCAUX DES « SOIRÉES OUVRIÈRES »

DE MONTREUIL-SOUS-BOIS

Citoyens,

Vous avez compris que l'ignorance était la plus étroite des servitudes et vous avez voulu vous en affranchir. Sentant que l'homme ne peut rien quand il ne sait rien et qu'il est enfermé dans sa stupidité comme dans une prison obscure, vous avez cherché à percer le mur noir. Vous avez tenté cela de vous-mêmes, sans aide, sans secours, seuls, et vous avez réussi. Après un effort de quatre années, vous avez amené à vous assez de camarades pour qu'il vous fût nécessaire d'élargir votre salle d'étude en même temps que vous élargissiez vos intelligences. Votre œuvre vit et grandit. Vous l'avez désignée du nom le plus simple qui est en même temps le plus aimable. Vous avez appelé vos réunions : *Soirées d'études après le travail.*

Le nom est beau parce que la chose est belle. L'étude après le travail, voilà ce qui révèle la force de volonté et montre ce que vous valez par l'esprit et par le cœur. L'étude est facile en somme si l'on a tout le loisir de s'y livrer, et c'est un vrai travail attrayant quand c'est notre seul travail. Mais s'y mettre après la fatigue d'un dur labeur, quand on a déjà porté le rude poids du jour, c'est là qu'est l'effort superbe et le courage.

Vous avez fait cet effort, vous avez eu le courage, citoyens, et vous avez conduit cette entreprise avec autant d'habileté que de vaillance. La méthode que vous avez adoptée pour vous instruire est excellente. Vous avez d'abord recherché, sans autre aide que des livres, la situation que la planète que nous habitons occupe dans l'univers et jeté un regard sur les mondes semés dans l'espace illimité. En déchirant la voûte théologique du ciel, vous avez détruit du même coup d'antiques superstitions. Après une année occupée à reconnaître la position réelle de notre monde dans la multitude des mondes, vous avez employé une année à étudier la constitution de la terre. Vous avez vu la vie sortir comme la Vénus antique de la chaude écume des mers primitives. Elle se manifestait alors par des organismes rudimentaires dont les transformations successives ont abouti à la flore et à la faune actuelles. Vous avez suivi anneau par anneau cette chaîne des êtres qui va des mollusques, des poissons, aux mammifères supérieurs, à l'homme. Là encore vous avez substitué à des conceptions théologiques fondées sur des fables grossières une idée expérimentale des origines humaines. Vous avez considéré les faibles commencements de l'homme et admiré par quels lents et continus notre espèce, si misérable à l'origine, a créé la pensée, les arts, la beauté. Cette vue jetée sur un passé si profond vous a fait mieux comprendre quels travaux ils nous reste à accomplir pour sortir tout à fait de la barbarie première et instituer sur la terre, après le règne animal, qui est celui de la guerre, le règne humain, le règne de la justice et de la paix. Vous avez consacré une troisième année à l'étude de l'anatomie. On m'a dit que vous vous étiez intéressés très vivement à cette science des organes et de leurs fonctions. Je n'en suis pas surpris, et j'en suis heureux, car l'ignorance des conditions de la vie organique a produit, dans la suite des âges, des préjugés barbares et des pratiques cruelles qui n'ont point encore entièrement péri.

C'est seulement après ces trois années de recherches méthodiques et suivies que vous avez accueilli des professionnels de l'étude et entendu des conférences sur divers points de science et d'histoire. J'ai assisté à une de ces causeries et j'ai été charmé autant de la façon dont Mlle Baertschi vous exposait la prise de la Bastille que de la façon dont vous l'écoutiez et des judicieuses observations que vous fîtes, selon votre coutume, après l'exposé.

Il convient de vous féliciter, citoyens, de l'énergie avec laquelle vous avez entrepris votre œuvre civilisatrice et de l'esprit d'ordre avec lequel vous l'avez poursuivie. Il faut approuver enfin le soin que vous avez mis à vous prémunir contre les conclusions trop hâtives de vos études et contre les applications forcées de vos premières expériences scientifiques. Vous avez voulu demeurer dans ces régions sereines de la pensée et de la réflexion. C'est la sagesse même. Mais si c'est offenser la science que de la traîner de force dans le domaine agité de l'existence sociale, c'est méconnaître son pouvoir souverain que de ne lui pas demander des règles de vie et des principes d'action. Considérez, citoyens, que nous vivons en des temps où les conditions sociales sont encore déterminées dans leur ensemble par des croyances et des préjugés qui ne sont pas seulement étrangers à la science, mais qui lui sont contraires, qu'il importe de substituer à l'esprit théologique l'esprit scientifique dans tous les domaines où notre activité s'exerce, et que votre tâche, si généreusement commencée, serait vaine, si vous ne conformiez pas tous vos actes privés ou publics à l'idée que vous vous faites de la nature après l'avoir considérée avec bonne volonté. Prenez garde qu'à l'heure où nous sommes, cette science que vous aimez, et qui vous donne tant de force, est combattue par une innombrable armée d'esprits rétrogrades que commandent des moines fanatiques. Prenez garde que l'esprit théocratique donne en ce moment un assaut furieux à l'esprit d'examen ; qu'il est temps de veiller à la défense de toutes nos libertés et de la République, qui seule nous les garantit, et que c'est nous, comme dit la *Marseillaise*, qu'on médite de rendre à l'antique esclavage.

C'est trahir la science que de ne pas en introduire, dès qu'on le peut, les enseignements dans la vie sociale. La science nous apprend à combattre le fanatisme sous toutes ses formes ; elle nous apprend à construire nous-mêmes notre idéal de justice sans en emprunter les matériaux à des systèmes erronés ou à des traditions barbares ; elle nous invite enfin à défendre comme le plus cher des biens notre liberté menacée. Vous l'avez trop noblement aimée, citoyens, pour méconnaître sa voix.

ALLOCUTION

PRONONCÉE À LA FÊTE EN L'HONNEUR DE DIDEROT

AMI DU PEUPLE

Citoyens,

Des maîtres, qui sont nos amis, viennent ici nous parler de Diderot philosophe, et de Diderot savant. Ce n'est pas à moi, c'est à Duclaux de vous montrer en Diderot le précurseur de Lamarck et de Darwin, c'est à Ferdinand Buisson, c'est à Gabriel Séailles de vous parler du philosophe qui préféra l'examen utile des faits à la vaine recherche des causes, et enseigna qu'il faut demander à la nature non pas « Pourquoi cela ? » comme font les enfants, mais « Comment cela ? » à la manière du chimiste et du physicien.

Pour moi, je n'ai qu'un mot à dire. Je voudrais vous montrer Diderot, ami du peuple.

C'était un homme excellent que le fils du coutelier de Langres. Contemporain de Voltaire et de Rousseau, il fut le meilleur des hommes dans le meilleur des siècles. Il eut la passion des sciences mathématiques, physiques, des arts et métiers. Connaître pour aimer fut l'effort de sa vie entière. Il aimait les hommes, et les œuvres pacifiques des hommes. Il forma le grand dessein de mettre en honneur les métiers manuels, abaissés par les aristocraties militaires, civiles et religieuses. L'*Encyclopédie* dont il conçut le plan avec génie et dont il poursuivit l'exécution si courageusement, l'*Encyclopédie* est le premier grand inventaire du travail fourni par le prolétariat à la société. Et cet inventaire, avec quel zèle, quelle ardeur, quelle conscience Diderot et ses collaborateurs prirent soin de le dresser, c'est ce que le prospectus de l'*Encyclopédie* nous fait connaître.

« On s'est adressé, y est-il dit, aux plus habiles ouvriers de Paris et du royaume. On s'est donné la peine d'aller dans leurs ateliers, de les interroger, d'écrire sous leur dictée, de développer leurs pensées, d'en tirer les termes propres à leurs professions, d'en dresser des tables, de les définir, de converser avec ceux dont on avait obtenu des mémoires, et (précaution presque indispensable) de rectifier, dans de longs et fréquents entretiens avec les uns, ce que d'autres avaient imparfaitement, obscurément et quelquefois infidèlement exprimé. »

Et Diderot ajoute :

« On enverra des dessinateurs dans les ateliers ; on prendra l'esquisse des machines et des outils ; on n'omettra rien de ce qui peut les montrer distinctement aux yeux. »

Citoyens,

À l'heure où les ennemis coalisés de la science, de la paix, de la liberté s'arment contre la République et menacent d'étouffer la démocratie sous le poids de tout ce qui ne pense pas ou ne pense que contre la pensée, vous avez été bien inspirés en rappelant, pour l'honorer, la mémoire de ce philosophe qui enseigna aux hommes le bonheur par le travail, la science et l'amour et qui, tourné tout entier vers l'avenir, annonça l'ère nouvelle, l'avènement du prolétariat dans le monde pacifié et consolé.

Son regard pénétrant a discerné nos luttes actuelles et nos succès futurs. Ainsi Diderot enthousiaste et méthodique recueillait les titres des artisans pour les mettre au-dessus des titres des nobles ou des grands. Et il n'est pas possible de se méprendre sur ses intentions, si extraordinaires pour le temps. « Il convient, a-t-il dit, que les arts libéraux, qui se sont assez chantés eux-mêmes, emploient désormais leur voix à célébrer les arts mécaniques et à les tirer de l'avilissement où le préjugé les a tenus si longtemps. »

Voilà donc, au milieu du dix-huitième siècle, les métiers honorés, chose étrange, nouvelle, merveilleuse. Les artisans demeuraient humblement courbés sous les dédains traditionnels. Et Diderot leur crie : « Relevez-vous. Vous ne vous croyez méprisables que parce qu'on vous a méprisés. Mais de votre sort dépend le sort de l'humanité tout entière. » Diderot a inséré dans l'*Encyclopédie* la définition que voici de l'ouvrier manuel, du journalier :

« *Journalier*, ouvrier qui travaille de ses mains et qu'on paye au jour la journée. Cette espèce d'hommes forme la plus grande partie d'une nation ; c'est son sort qu'un bon gouvernement doit avoir principalement en vue. Si le journalier est misérable, la nation est misérable. »

Est-ce trop de dire après cela que Diderot dont nous célébrons aujourd'hui la mémoire, Diderot mort depuis cent seize ans, nous touche de très près, qu'il est des nôtres, un grand serviteur du peuple, un défenseur du prolétariat ?

La victoire du prolétariat est certaine. Ce sont moins les efforts désordonnés de nos adversaires que nos propres divisions et les indécisions de notre méthode qui pourraient la retarder. Elle est certaine parce que la nature même des choses et les conditions de la vie l'ordonnent et la préparent. Elle sera méthodique, raisonnée, harmonieuse. Elle se dessine déjà sur le monde avec l'inflexible rigueur d'une construction géométrique.

ALLOCUTION

PRONONCÉE À LA FÊTE D'INAUGURATION

DE l'« ÉMANCIPATRICE », IMPRIMERIE COMMUNISTE,

LE 12 MAI 1901.

Camarades,

Je puis presque me dire un des vôtres ; les ateliers de typographie me rappellent de vieux et chers souvenirs. Mon père était libraire. Encore enfant, j'ai porté de la copie à l'imprimerie ; très jeune, je me suis occupé de la fabrication des livres et j'ai corrigé des épreuves. J'ai corrigé les épreuves des autres avant de corriger les miennes. Je ferais un prote passable. Si j'étais plus jeune, je me recommanderais à vous.

Ce n'est pas seulement par de bons souvenirs que votre art m'est cher. Je le tiens pour le plus beau du monde. Vous savez ce qu'en dit le bon Pantagruel.

Pantagruel dit, par la bouche de Rabelais, que l'imprimerie a été inventée par inspiration angélique, comme à contre-fil la poudre à canon par suggestion diabolique. Je n'ai pas besoin de vous avertir de ne pas prendre à la lettre ce mot d'angélique. Rabelais ne croyait ni aux anges ni aux diables. Il voulait seulement, par cette parole, magnifier l'art qui répand la science et la pensée, et maudire les engins de guerre. Et il faut bien que l'imprimerie soit par elle-même une invention excellente, puisqu'elle a, dès sa naissance, fait une peur horrible aux théologiens. En France, durant tout le xvie siècle, la Sorbonne brûla des livres, et souvent l'imprimeur avec.

On a dit que l'imprimerie fait autant de mal que de bien, puisqu'elle imprime les mauvais livres comme les bons, et qu'elle propage le mensonge et l'erreur en même temps que la science et la vérité. Ce serait vrai, si le mensonge avait autant d'avantage que la vérité à être mis en lumière. Mais il n'en est rien. L'erreur croît dans l'ombre et la science fructifie dans la lumière. Certes l'imprimerie n'a pas, en quatre siècles, dissipé les vieilles erreurs et les antiques superstitions. Elle ne le pouvait vraiment pas ; c'eût été contraire à la nature des choses. La conquête des vérités utiles au bonheur des hommes est lente et difficile, et l'espèce humaine sort péniblement et peu à peu de la barbarie primitive. On peut dire que le type de société qu'elle a réalisé, après tant de siècles d'efforts et de souffrances, n'est que la barbarie organisée, la violence administrée, l'injustice régularisée.

C'est aussi votre sentiment, camarades. Et vous ayez voulu du moins établir la justice en un point du vieux monde ; vous avez voulu mettre d'accord vos actes et vos pensées ; vous avez voulu que parmi vous le fruit du travail fût équitablement réparti. C'est une entreprise belle et difficile. Prenez garde, camarades, vous vous êtes mis hors de l'ordre commun : vous vous êtes condamnés à la vertu à perpétuité.

80

ALLOCUTION

PRONONCÉE À LA RÉUNION DES SECTIONS DE LA « LIGUE DES DROITS DE L'HOMME ET DU CITOYEN » DU XVIᵉ ARRONDISSEMENT, LE 21 DÉCEMBRE 1901.

Avant de donner la parole à Louis Havet, vice-président de la Ligue des Droits de l'Homme, je dois vous remercier de l'honneur que vous m'avez fait en m'appelant à présider cette réunion plénière, et, puisque je vois assemblées ici les sections du XVIᵉ arrondissement, je veux féliciter la Ligue elle-même de l'esprit qui l'anime ; je veux vous féliciter tous d'avoir pensé que le patriotisme s'accordait avec l'esprit de justice et de paix, avec le respect du droit et l'amour de l'humanité ; je veux vous féliciter de vous être montrés des hommes libres, non point comme ces prétendus libéraux qui ne réclament de liberté que contre la liberté, mais en dénonçant courageusement les tentatives hypocrites ou violentes de la réaction. Vous avez beaucoup fait. Il vous reste beaucoup à faire encore.

Les réactionnaires et les cléricaux à demi vaincus ne renoncent point à la lutte, d'autant plus dangereux qu'ils ne se montrent point sous leur véritable visage, qui ferait peur, et qu'ils empruntent, pour séduire la foule républicaine, votre langage et vos discours. Ils n'ont à la bouche que liberté et droits de l'homme.

Pour les combattre et les vaincre, rappelez-vous, citoyens, que vous devez marcher avec tous les artisans de l'émancipation des travailleurs manuels, avec tous les défenseurs de la justice sociale, et que vous n'avez pas d'ennemis à gauche. Rappelez-vous que, sans les prolétaires, vous n'êtes qu'une poignée de dissidents bourgeois, et qu'unis, mêlés au prolétariat, vous êtes le nombre au service de la justice.

Vous allez entendre la ferme parole d'un homme qui n'a jamais menti. Vous allez entendre le son de l'âme la plus droite et la plus courageuse. Le citoyen Louis Havet va vous entretenir d'un sujet qui, à cette heure, doit vous intéresser particulièrement. Il va vous parler de la moralité des élections, et examiner avec vous les conditions dans lesquelles s'exerce actuellement le droit de suffrage.

Ce sont là des questions qui ne peuvent vous laisser indifférents. Il se trouve à Paris beaucoup de réactionnaires et quelques républicains pour crier : « À bas les parlementaires ». Et ce cri caresse assez agréablement l'oreille des Parisiens. Certes je ne défendrai pas devant vous les actes de la représentation nationale. Sans chercher si ce fut la faute des représentants ou des représentés, les législatures ont succédé aux législatures, et la justice et la bonté ne sont pas encore entrées dans nos lois. Depuis trente ans, par ce qu'elles ont fait et surtout par ce qu'elles n'ont pas fait, les Chambres n'ont pas peu contribué à rendre la République moins aimable et moins sûre qu'elle ne promettait de l'être à son avènement. Certes la Chambre qui maintenant expire n'a montré, dans sa vie, qu'une faible pensée et un médiocre courage. Née dans l'erreur, le mensonge et l'épouvante, sous un ministère criminel, elle traîna une existence incertaine et molle. Il semble que la peur soit l'inspiratrice et la conseillère de nos députés, et l'on peut dire de nos Chambres que leur faiblesse trahit tous les partis.

Vous voyez, citoyens, que je ne tombe pas accablé d'un respectueux étonnement devant la majesté de nos institutions politiques. Mais quand nos fougueux nationalistes en réclament la destruction soudaine, quand nos grands plébiscitaires demandent d'une voix retentissante la suppression des parlementaires, je vois trop qu'ils pensent les remplacer par des patrouilles de cavalerie, et que la liberté n'y gagnerait rien. Dans l'état actuel de nos institutions et de nos mœurs, le suffrage universel est l'unique garantie de nos droits et de nos libertés, et il suffirait d'un souffle, d'un souffle de fraternité passant sur nos villes et nos campagnes, pour qu'il devînt un instrument de justice sociale.

ALLOCUTION

PRONONCÉE AU FESTIVAL ORGANISÉ EN L'HONNEUR DE VICTOR HUGO PAR LA SOCIÉTÉ DES UNIVERSITÉS POPULAIRES ET LES UNIVERSITÉS POPULAIRES DE PARIS ET DE LA BANLIEUE, SALLE DU TROCADÉRO, LE DIMANCHE 2 MARS 1902.

Citoyennes et citoyens,

Le 1er juin 1885, un cercueil déposé sous l'Arc de Triomphe était conduit au Panthéon par tout le peuple de Paris et par les représentants de la France et du monde pensant. Sur les voies suivies par le cortège funèbre et triomphal, la flamme des lanternes tremblait au jour sous un crêpe ; des mâts, plantés d'espace en espace, portaient des écussons sur lesquels on lisait des inscriptions, et ce n'était point des noms de batailles, c'était des titres de livres. Car les honneurs jusque-là réservés aux rois et aux empereurs, aux souverains et aux conquérants, la foule émue les décernait à un homme de travail et de pensée, qui n'avait exercé de puissance que par le langage.

« Au Penseur ! » Ce mot revenait sans cesse sur les bannières qui marchaient derrière le mort glorieux. Et ces funérailles instituées, non par un décret des pouvoirs publics, mais par un mouvement superbe de l'instinct populaire, marquaient une ère nouvelle de l'humanité. L'appareil pompeux, qui depuis un temps immémorial honorait la force et la violence, on le voyait pour la première fois accompagner la douce puissance de l'esprit et célébrer une gloire innocente. Funérailles éloquentes, symbole magnifique de l'idée révolutionnaire : à ce signe, il apparaissait que le peuple substituait désormais dans son cœur au dogme la pensée libre, au pouvoir absolu la liberté, aux images de la force les marques de la raison, à la guerre la justice et la paix, à la haine l'amour et la fraternité.

Comme le peuple qui, un siècle auparavant, avait pris la Bastille, le peuple qui fit l'apothéose de Victor Hugo sentit confusément ce qu'il faisait, et qu'il honorait moins un poète, tout grand qu'était celui-là, que la poésie et la beauté, et que, s'il célébrait le vieillard qui avait jeté au monde tant de pensées et de paroles, c'était afin de reconnaître en lui la souveraineté de la parole et de la pensée.

C'est dans ce même esprit, c'est avec ce même cœur, citoyens, que nous célébrons aujourd'hui le centenaire de Victor Hugo. Certes, nous ne ferons pas du poète un dieu, et nous nous garderons de toutes les idolâtries, même de la plus excusable, de l'idolâtrie des grands hommes. Nous nous garderons d'opposer aux vieux dogmes un dogme nouveau, et de substituer à l'autorité du théologien et du prêtre l'autorité du penseur et du poète.

Nous savons que tous les hommes sont faillibles, sujets à l'erreur, qu'ils ont tous leurs jours de trouble et leurs heures de ténèbres. Nous ne refuserons point aux plus grands et aux meilleurs le droit sacré aux faiblesses de l'esprit et aux incertitudes de l'intelligence. Les plus sages se trompent. Ne croyons à aucun homme.

Victor Hugo, moins qu'un autre, peut fournir matière à une doctrine et donner les lignes d'un système politique et social. Sa pensée, à la fois éclatante et fumeuse, abondante, contradictoire, énorme et vague comme la pensée des foules, fut celle de tout son siècle, — dont il était, il l'a dit lui-même, un écho sonore. Ce que nous saluons ici avec respect, ce n'est pas seulement un homme, c'est un siècle de la France et de l'humanité, ce dix-neuvième siècle dont Victor Hugo exprima plus abondamment que tout autre les songes, les illusions, les erreurs, les divinations, les amours et les haines, les craintes et les espérances.

Enfant quand la monarchie fut rétablie sur la France épuisée par la guerre, il fut royaliste sous deux rois ; puis il se sentit après la révolution de Juillet monarchiste et impérialiste libéral. Mais dès lors une vive sympathie l'entraînait vers le peuple. Et il put dire plus tard, en forçant un peu le terme, qu'il avait été socialiste avant d'être républicain. Il devint républicain en 1850. Ce progrès de son esprit, peut-être n'en découvrait-il pas lui-même toutes les raisons. Voici celle qu'il en a donnée plus tard :

« La liberté m'est apparue vaincue. Après le 13 juin, quand j'ai vu la République à terre, son droit m'a frappé et touché d'autant plus qu'elle était agonisante. C'est alors que je suis allé à elle. »

À compter de ce jour, il la défendit ardemment par ses actes et ses paroles. En 1850, M. de Falloux, ministre de l'instruction publique, présenta à l'Assemblée législative un projet de loi qui livrait l'instruction publique au clergé. C'est ce que les cléricaux appelaient, comme aujourd'hui, assurer la liberté de l'enseignement. Victor Hugo, membre de l'Assemblée, combattit cette loi qu'il dénonçait comme un « traquenard clérical caché sous un beau nom ». Il faut rappeler quelques mots de ce discours :

Victor Hugo y disait aux cléricaux :

« … Il n'y a pas un poète, pas un écrivain, pas un philosophe, pas un penseur que vous acceptiez. Et tout ce qui a été écrit, trouvé, rêvé, déduit, illuminé, imaginé, inventé par les génies, le trésor de la civilisation, l'héritage séculaire des générations, le patrimoine commun des intelligences, vous le rejetez !

» … Et vous réclamez la liberté d'enseigner ! Tenez, soyons sincères, entendons-nous sur la liberté que vous réclamez : c'est la liberté de ne pas enseigner.

» Ah ! vous voulez qu'on vous donne des peuples à instruire ! Fort bien. — Voyons vos élèves. Voyons vos produits. Qu'est-ce que vous avez fait de l'Italie ? Qu'est-ce que vous avez fait de l'Espagne ?… »

Citoyens, si, parmi les idées politiques de Victor Hugo, je choisis, pour vous les rappeler, celles de 1850, c'est parce que 1902 (puissent votre sagesse et votre énergie détourner ce présage !) ressemble en quelque chose à 1850. La ressemblance serait plus fâcheuse encore si 1902 avait, comme 1850, une chambre cléricale et réactionnaire.

Voilà comment de force et brusquement le souvenir de Victor Hugo nous ramène à l'heure présente, à cette heure trouble où les ennemis de la République démocratique et de la justice sociale s'efforcent de restaurer l'autorité de l'Église et le règne du privilège. Aujourd'hui comme à la veille du coup d'État, toutes les réactions violentes ou sournoises, ralliées autour des moines et des prêtres, arment contre la liberté le mensonge, la calomnie et la corruption. Et, comme en 1850, comme toujours, les ennemis de la liberté se réclament de la liberté. C'est en son propre nom qu'ils prétendent l'étrangler. Ainsi que ce prophète voilé que personne n'aurait cru si l'on avait vu son visage, ils cachent leur vrai nom sous celui de libéraux.

Citoyens, c'est à vous de démasquer les fourbes et les hypocrites et de sauver la République, la République que nous défendons non pour ce qu'elle est, mais pour ce qu'elle peut et doit être, la République que nous voulons garder comme instrument nécessaire de réformes et de progrès, la République qui sera demain la République démocratique et sociale, et qui nous acheminera vers cette République universelle, la République future que Victor Hugo, dans sa vieillesse auguste, a magnifiquement annoncée :

« Aux batailles, a-t-il dit d'une voix prophétique, succéderont les découvertes ; les peuples ne conquerront plus, ils grandiront et s'éclaireront ; on ne sera plus des guerriers, on sera des travailleurs ; on trouvera, on instruira, on inventera ; exterminer ne sera plus une gloire. Ce sera le remplacement des tueurs par les créateurs. »

Citoyens, cette République annoncée par le grand poète dont nous célébrons aujourd'hui le centenaire, cette République idéale et nécessaire, il vous appartient d'en préparer, d'en hâter l'avènement en combattant partout l'esprit d'égoïsme et de violence et en travaillant sans cesse pour la justice sociale et pour la liberté véritable, celle-là qui ne reconnaît point de liberté contre elle.

———

LA RELIGION ET L'ANTISÉMITISME

I

Firmin Piédagnel causait depuis deux ans au supérieur du séminaire d'incessantes inquiétudes. Fils unique d'un savetier qui avait son échoppe entre deux contreforts de Saint-Exupère, c'était, par l'éclat de son intelligence, le plus brillant élève de la maison. D'humeur paisible, il était assez bien noté pour la conduite. La timidité de son caractère et la faiblesse de sa complexion semblaient assurer la pureté de ses mœurs. Mais il n'avait ni l'esprit théologique, ni la vocation du sacerdoce. Sa foi même était incertaine.

Grand connaisseur des âmes, M. Lantaigne ne redoutait pas à l'excès, chez les jeunes lévites, ces crises violentes, parfois salutaires, que la grâce apaise. Il s'effrayait, au contraire, des langueurs d'un esprit tranquillement indocile. Il désespérait presque d'une âme à qui le doute était tolérable et léger, et dont les pensées coulaient à l'irreligion par une pente naturelle. Tel se montrait le fils ingénieux du cordonnier. M. Lantaigne était un jour arrivé, par surprise, par une de ces ruses brusques qui lui étaient habituelles, à découvrir le fond de cette nature dissimulée par politesse. Il s'était aperçu avec effroi que Firmin n'avait retenu de l'enseignement du séminaire que des élégances de latinité, de l'adresse pour les sophismes et une sorte de mysticisme sentimental. Firmin lui avait paru dès lors un être faible et redoutable, un malheureux et un mauvais. Pourtant il aimait cet enfant, il l'aimait tendrement, avec faiblesse. En dépit qu'il en eût, il lui savait gré d'être l'ornement, la grâce du séminaire. Il aimait en Firmin les charmes de l'esprit, la douceur fine du langage et jusqu'à la tendresse de ces pâles yeux de myope, comme blessés sous les paupières battantes. Il se flattait que, mieux conduit à l'avenir, Firmin, trop faible pour donner jamais à l'église un de ces chefs énergiques dont elle avait tant besoin, rendrait du moins à la religion, peut-être, un Pereyve ou un Gerbet, un de ces prêtres portant dans le sacerdoce un cœur de jeune mère. Mais, incapable de se flatter longtemps lui-même, M. Lantaigne rejetait vite cette espérance trop incertaine, et il discernait en cet enfant un Guéroult, un Renan. Et une sueur d'angoisse lui glaçait le front. Son épouvante était, en nourrissant de tels élèves, de préparer à la vérité des ennemis redoutables.

Il savait que c'est dans le temple que furent forgés les marteaux qui ébranlèrent le temple. Il disait bien souvent : « Telle est la force de la discipline théologique que seule elle est capable de former les grands impies ; un incrédule qui n'a point passé par nos mains est sans force et sans armes pour le mal. C'est dans nos murs qu'on reçoit toute science, même celle du blasphème. » Il ne demandait au vulgaire des élèves que de l'application et de la droiture, assuré d'en faire de bons desservants. Chez les sujets d'élite, il craignait la curiosité, l'orgueil, l'audace mauvaise de l'esprit et jusqu'aux vertus qui ont perdu les anges.

— Monsieur Perruque, dit-il brusquement, voyons les notes de Piédagnel.

Le préfet des études, avec son pouce mouillé sur les lèvres, feuilleta le registre et puis souligna de son gros index cerclé de noir les lignes tracées en marge du cahier :

« M. Piédagnel tient des propos inconsidérés. »

« M. Piédagnel incline à la tristesse. »

« M. Piédagnel se refuse à tout exercice physique. »

Le directeur lut et secoua la tête. Il tourna le feuillet et lut encore :

« M. Piédagnel a fait un mauvais devoir sur l'unité de la foi. »

Alors l'abbé Lantaigne éclata :

— L'unité, voilà donc ce qu'il ne concevra jamais ! Et pourtant c'est l'idée dont le prêtre doit se pénétrer avant toute autre. Car je ne crains pas d'affirmer que cette idée est toute de Dieu, et pour ainsi dire sa plus forte expression sur les Hommes.

Il tourna vers l'abbé Perruque son regard creux et noir :

— Ce sujet de l'unité de la foi, monsieur Perruque, c'est ma pierre de touche pour éprouver les esprits. Les intelligences les plus simples, si elles ne manquent pas de droiture, tirent de l'idée de l'unité des conséquences logiques ; et les plus habiles font sortir de ce principe une admirable philosophie. J'ai traité trois fois en chaire, monsieur Perruque, de l'unité de la foi, et la richesse de la matière me confond encore.

Il reprit sa lecture :

« M. Piédagnel a composé un cahier, qui a été trouvé dans son pupitre et qui contient, tracés de la main même de M. Piédagnel, des extraits de diverses poésies érotiques, composées par Leconte de l'Isle et Paul Verlaine, ainsi que par plusieurs autres auteurs libres, et le choix des pièces décèle un excessif libertinage de l'esprit et des sens. »

Il ferma le registre et le rejeta brusquement.

— Ce qui manque aujourd'hui, soupira-t-il, ce n'est ni le savoir ni l'intelligence : c'est l'esprit théologique.

— Monsieur, dit l'abbé Perruque, M. l'économe vous fait demander si vous pouvez le recevoir incessamment. Le traité avec Lafolie, pour la viande de boucherie, expire le 15 de ce mois, et l'on attend votre décision avant de renouveler des arrangements dont la maison n'eut point à se louer. Car vous n'êtes pas sans avoir remarqué la mauvaise qualité du bœuf fourni par le boucher Lafolie.

— Faites entrer M. l'économe, dit M. Lantaigne.

Et, demeuré seul, il se prit la tête dans les mains et soupira :

« *O quando finieris et quando cessabis, universa vanitas mundi ?* Loin de vous, mon Dieu, nous ne sommes que des ombres errantes. Il n'est pas de plus grands crimes que ceux commis contre l'unité de la foi. Daignez ramener le monde à cette unité bénie ! »

Quand, après le déjeuner de midi, à l'heure de la récréation, M. le supérieur traversa la cour, les séminaristes faisaient une partie de ballon. C'était, sur l'aire sablée, une grande agitation de têtes rougeaudes, emmanchées comme à des manches de couteaux noirs ; des gestes secs de pantins, et des cris, des appels dans tous les dialectes ruraux du diocèse. Le préfet des études, M. l'abbé Perruque, sa soutane retroussée, se mêlait aux jeux avec l'ardeur d'un paysan reclus, grisé d'air et de mouvement, et lançait en athlète, du bout de son soulier à boucle, l'énorme ballon, revêtu de quartiers de peau. À la vue de M. le supérieur, les joueurs s'arrêtèrent. M. Lantaigne leur fit signe de continuer. Il suivit l'allée d'acacias malades qui borde la cour du côté des remparts et de la campagne. À mi-chemin, il rencontra trois élèves qui, se donnant le bras, allaient et venaient en causant. Parce qu'ils employaient ainsi d'ordinaire le temps des récréations, on les appelait les péripatéticiens. M. Lantaigne appela l'un d'eux, le plus petit, un adolescent pâle, un peu voûté, la bouche fine et moqueuse, avec des yeux timides. Celui-ci n'entendit pas d'abord, et son voisin dut le pousser du coude et lui dire :

— Piédagnel, M. le supérieur t'appelle.

Alors Piédagnel s'approcha de M. l'abbé Lantaigne et le salua avec une gaucherie presque gracieuse.

— Mon enfant, lui dit le supérieur, vous voudrez bien me servir ma messe demain.

Le jeune homme rougit. C'était un honneur envié que de servir la messe de M. le supérieur.

L'abbé Lantaigne, son bréviaire sous le bras, sortit par la petite porte qui donne sur les champs et il suivit le chemin accoutumé de ses promenades, un chemin poudreux, bordé de chardons et d'orties, qui suit les remparts.

Il songeait.

— Que deviendra ce pauvre enfant, s'il se trouve soudain jeté dehors, ignorant tout travail manuel, délicat et débile, craintif ? Et quel deuil dans l'échoppe de son père infirme !

Il allait sur les cailloux du chemin aride. Parvenu à la croix de la mission, il tira son chapeau, essuya avec son foulard la sueur de son front et dit à voix basse :

— Mon Dieu ! inspirez-moi d'agir selon vos intérêts, quoi qu'il en puisse coûter à mon cœur paternel !

Le lendemain matin, à six heures et demie, M. l'abbé Lantaigne achevait de dire sa messe dans la chapelle nue et solitaire. Seul, devant un autel latéral, un vieux sacristain plantait des fleurs de papier dans des vases de porcelaine, sous la statue dorée de saint Joseph. Un jour gris coulait tristement avec la pluie le long des vitraux ternis. Le célébrant, debout à la gauche du maître-autel, lisait le dernier évangile.

« *Et verbum caro factum est* », dit-il en fléchissant les genoux.

Firmin Piédagnel, qui servait la messe, s'agenouilla en même temps sur le degré où était la sonnette, se releva et, après les derniers répons, précéda le prêtre dans la sacristie. M. l'abbé Lantaigne posa le calice avec le corporal et attendit que le desservant l'aidât à dépouiller ses ornements sacerdotaux. Firmin Piédagnel, sensible aux influences mystérieuses des choses, éprouvait le charme de cette scène, si simple, et pourtant sacrée. Son âme, pénétrée d'une onction attendrissante, goûtait avec une sorte d'allégresse la grandeur familière du sacerdoce. Jamais il n'avait senti si profondément le désir d'être prêtre et de célébrer à son tour le saint sacrifice. Ayant baisé et plié soigneusement l'aube et la chasuble, il s'inclina devant M. l'abbé Lantaigne avant de se retirer. Le supérieur du séminaire, qui revêtait sa douillette, lui fit signe de rester, et le regarda avec tant de noblesse et de douceur que l'adolescent reçut ce regard comme un bienfait et comme une bénédiction. Après un long silence :

— Mon enfant, dit M. Lantaigne, en célébrant cette messe, que je vous ai demandé de servir, j'ai prié Dieu de me donner la force de vous renvoyer. Ma prière a été exaucée. Vous ne faites plus partie de cette maison.

En entendant ces paroles, Firmin devint stupide. Il lui semblait que le plancher manquait sous ses pieds. Il voyait vaguement, dans ses yeux gros de larmes, la route déserte, la pluie, une vie noire de misère et de travail, une destinée d'enfant perdu dont s'effrayaient sa faiblesse et sa timidité. Il regarda M. Lantaigne. La douceur résolue, la tranquillité ferme, la quiétude de cet homme le révoltèrent. Soudain, un sentiment naquit et grandit en lui, le soutint et le fortifia, la haine du prêtre, une haine impérissable et féconde, une haine à remplir toute la vie. Sans prononcer une parole, il sortit à grands pas de la sacristie.

II

Étant venu à mourir en sa quatre-vingt-douzième année, M. le premier président Cassignol fut conduit à l'église dans le corbillard des pauvres, selon sa volonté qu'il avait exprimée. Cette disposition fut jugée en silence. L'assistance tout entière en était secrètement offensée comme d'une marque de mépris pour la richesse, objet du respect public, et comme de l'ostensible abandon d'un privilège attaché à la classe bourgeoise. On se rappelait que M. Cassignol avait toujours tenu maison très honorablement et montré jusqu'en l'extrême vieillesse une sévère propreté dans ses habits. Bien qu'on le vît sans cesse occupé d'œuvres catholiques, nul n'aurait songé à dire, lui appliquant les paroles d'un orateur chrétien, qu'il aimait les pauvres jusqu'à se rendre semblable à eux. Ce qu'on ne croyait point venir d'un excès de charité passait pour un paradoxe de l'orgueil, et l'on regardait froidement cette humilité superbe.

On regrettait aussi que le défunt, officier de la Légion d'honneur, eût ordonné que les honneurs militaires ne lui fussent point rendus. L'état des esprits, enflammés par les journaux nationalistes, était tel qu'on se plaignait ouvertement dans la foule de ne pas voir les soldats. Le général Cartier de Chalmot, venu en civil, fut salué avec un profond respect par la députation des avocats. Des magistrats en grand nombre et des ecclésiastiques se pressaient devant la maison mortuaire. Et quand, au son des cloches, précédé par la croix et par les chants liturgiques, le corbillard s'avança lentement vers la cathédrale, entre les coiffes blanches de douze religieuses, suivi par les garçons et les filles des écoles congréganistes, dont la file grise et noire s'allongeait à perte de vue, le sens apparut clairement de cette longue vie consacrée au triomphe de l'Église catholique.

La ville entière suivait en troupe. M. Bergeret marchait parmi les traînards du cortège. M. Mazure, s'approchant, lui dit à l'oreille :

— Je n'ignorais point que ce vieux Cassignol eût été, de son vivant, zélé tortionnaire. Mais je ne savais pas qu'il fût si grand calotin. Il se disait libéral !

— Il l'était, répondit M. Bergeret. Il lui fallait bien l'être puisqu'il aspirait à la domination. N'est-ce point par la liberté qu'on s'achemine à l'empire ?…

… Et M. Mazure, qui était libre-penseur, fut pris, à l'idée de la mort, d'un grand désir d'avoir une âme immortelle.

— Je ne crois pas, dit-il, un mot de ce qu'enseignent les diverses églises qui se partagent aujourd'hui la domination spirituelle des peuples. Je sais trop bien comment les dogmes s'élaborent, se forment et se transforment. Mais pourquoi n'y aurait-il pas en nous un principe pensant, et pourquoi ce principe ne survivrait-il pas à cette association d'éléments organiques qu'on nomme la vie ?

— Je voudrais, dit M. Bergeret, vous demander ce que c'est qu'un principe pensant, mais je vous embarrasserais sans doute.

— Nullement, répondit M. Mazure : j'appelle ainsi la cause de la pensée, ou, si vous voulez, la pensée elle-même. Pourquoi la pensée ne serait-elle point immortelle ?

— Oui, pourquoi ? demanda à son tour M. Bergeret.

— Cette supposition n'est point absurde, dit M. Mazure encouragé.

— Et pourquoi, demanda M. Bergeret, un M. Dupont n'habiterait-il point la maison des Tintelleries qui porte le numéro 38 ? Cette supposition n'est point absurde. Le nom de Dupont est commun en France, et la maison que je dis est à trois corps de logis.

— Vous n'êtes pas sérieux, dit M. Mazure.

— Moi, je suis spiritualiste d'une certaine manière, dit le docteur Fornerol. Le spiritualisme est un agent thérapeutique qu'il ne faut pas négliger dans l'état actuel de la médecine. Toute ma clientèle croit à l'immortalité de l'âme et n'entend pas qu'on plaisante là-dessus. Les bonnes gens, aux Tintelleries comme ailleurs, veulent être immortels. On leur ferait de la peine en leur disant que peut-être ils ne le sont pas. Voyez-vous Madame Péchin qui sort de chez le fruitier avec des tomates dans son cabas ? Vous lui diriez : « Madame Péchin, vous goûterez des félicités célestes pendant des milliards de siècles, mais vous n'êtes point immortelle. Vous durerez plus que les étoiles et vous durerez encore quand les nébuleuses se seront formées en soleils et quand ces soleils se seront éteints, et dans l'inconcevable durée de ces âges vous serez baignée de délices et de gloire. Mais vous n'êtes point immortelle, madame Péchin. » Si vous lui parliez de la sorte, elle ne penserait point que vous lui annoncez une bonne nouvelle et si, par impossible, vos discours étaient appuyés de telles preuves qu'elle y ajoutât foi, elle serait désolée, elle tomberait dans le désespoir, la pauvre vieille, et elle mangerait ses tomates avec ses larmes.

» Madame Péchin veut être immortelle. Tous mes malades veulent être immortels. Vous, M. Mazure, et vous-même, M. Bergeret, vous voulez être immortels. Maintenant je vous avouerai que l'instabilité est le caractère essentiel des combinaisons qui produisent la vie. La vie, voulez-vous que je vous la définisse scientifiquement ? C'est de l'inconnu qui f… le camp.

— Confucius, dit M. Bergeret, était un homme bien raisonnable. Son disciple, Ki-Lou, demandant un jour comment il fallait servir les Esprits et les Génies, le maître répondit : « Quand l'homme n'est pas encore en état de servir l'humanité, comment pourrait-il servir les Esprits et les Génies ? — Permettez-moi, ajouta le disciple, de vous demander ce que c'est que la mort. » Et Confucius répondit : « Lorsqu'on ne sait pas ce que c'est que la vie, comment pourrait-on connaître la mort ? »

Le cortège, longeant la rue Nationale, passa devant le collège. Et le docteur Fornerol se rappela les jours de son enfance, et il dit :

— C'est là que j'ai fait mes études. Il y a longtemps. Je suis beaucoup plus vieux que vous. J'aurai cinquante-six ans dans huit jours.

— Vraiment, dit M. Bergeret, madame Péchin veut être immortelle ?

— Elle est certaine de l'être, dit le docteur Fornerol. Si vous lui disiez le contraire, elle vous voudrait du mal et ne vous croirait pas.

— Et cela, demanda M. Bergeret, ne l'étonne pas de devoir durer toujours, dans l'écoulement universel des choses ? Et elle ne se lasse pas de nourrir ces espérances démesurées ? Mais peut-être n'a-t-elle pas beaucoup médité sur la nature des êtres et sur les conditions de la vie.

— Qu'importe ! dit le docteur. Je ne conçois pas votre surprise, mon cher monsieur Bergeret. Cette bonne dame a de la religion. C'est même tout ce qu'elle a au monde. Elle est catholique, étant née dans un pays catholique. Elle croit ce qui lui a été enseigné. C'est naturel !

— Docteur, vous parlez comme Zaïre, dit M. Bergeret. *J'eusse été près du Gange...* Au reste, la croyance à l'immortalité de l'âme est vulgaire en Europe, en Amérique et dans une partie de l'Asie. Elle se répand en Afrique avec les cotonnades.

— Tant mieux ! dit le docteur, car elle est nécessaire à la civilisation. Sans elle, les malheureux ne se résigneraient point à leur sort.

— Pourtant, dit M. Bergeret, les coolies chinois travaillent pour un faible salaire. Ils sont patients et résignés, et ils ne sont pas spiritualistes.

— Parce que ce sont des jaunes, dit le docteur Fornerol. Les races blanches ont moins de résignation. Elles conçoivent un idéal de justice et de hautes espérances. Le général Cartier de Chalmot a raison de dire que la croyance à une vie future est nécessaire aux armées. Elle est aussi fort utile dans toutes les transactions sociales. Sans la peur de l'enfer, il y aurait moins d'honnêteté.

— Docteur, demanda M. Bergeret, croyez-vous que vous ressusciterez ?

— Moi, c'est différent, répondit le docteur. Je n'ai pas besoin de croire en Dieu pour être un honnête homme. En matière de religion, comme savant, j'ignore tout ; comme citoyen, je crois tout. Je suis catholique d'État. J'estime que les idées religieuses sont essentiellement moralisatrices, et qu'elles contribuent à donner au populaire des sentiments humains.

— C'est une opinion très répandue, dit M. Bergeret. Et elle m'est suspecte par sa vulgarité même. Les opinions communes passent sans examen. Le plus souvent, on ne les admettrait pas si l'on y faisait attention. Il en est d'elles comme de cet amateur de spectacles qui pendant vingt ans entra à la Comédie-Française en jetant au contrôle ce nom : « feu Scribe ». Un droit d'entrée ainsi motivé ne supporterait pas l'examen. Mais on ne l'examinait pas. Comment penser que les idées religieuses sont essentiellement moralisatrices, quand on voit que l'histoire des peuples chrétiens est tissue de guerres, de massacres et de supplices ? Vous ne voulez pas qu'on ait plus de piété que dans les monastères. Pourtant toutes les espèces de moines, les blanches et les noires, les pies et les capucines se sont souillées des crimes les plus exécrables. Les suppôts de l'Inquisition et les curés de la Ligue étaient pieux, et ils étaient cruels. Je ne parle pas des papes qui ensanglantèrent le monde, parce qu'il n'est pas certain qu'ils croyaient à une autre vie.

III

M. de Terremondre était antisémite en province, particulièrement pendant la saison des chasses. L'hiver, à

Paris, il dînait chez des financiers juifs qu'il aimait assez pour leur faire acheter avantageusement des tableaux. Il était nationaliste et antisémite au Conseil général, en considération des sentiments qui régnaient dans le chef-lieu. Mais comme il n'y avait pas de juifs dans la ville, l'antisémitisme y consistait principalement à attaquer les protestants qui formaient une petite société austère et fermée.

— Nous voilà donc adversaires, dit M. de Terremondre ; j'en suis fâché, car vous êtes un homme d'esprit, mais vous vivez en dehors du mouvement social. Vous n'êtes point mêlé à la vie publique. Si vous mettiez comme moi la main à la pâte, vous seriez antisémite.

— Vous me flattez, dit M. Bergeret. Les Sémites qui couvraient autrefois la Chaldée, l'Assyrie, la Phénicie, et qui fondèrent des villes sur tout le littoral de la Méditerranée, se composent aujourd'hui des juifs épars dans le monde et des innombrables peuplades arabes de l'Asie et de l'Afrique. Je n'ai pas le cœur assez grand pour renfermer tant de haines. Le vieux Cadmus était sémite. Je ne peux pourtant pas être l'ennemi du vieux Cadmus.

— Vous plaisantez, dit M. de Terremondre, en retenant son cheval qui mordait les branches des arbustes. Vous savez bien que l'antisémitisme est uniquement dirigé contre les juifs établis en France.

— Il me faudra donc haïr quatre-vingt mille personnes, dit M. Bergeret. C'est trop encore et je ne m'en sens pas la force.

— On ne vous demande pas de haïr, dit M. de Terremondre. Mais il y a incompatibilité entre les Français et les juifs. L'antagonisme est irréductible. C'est une affaire de race.

— Je crois au contraire, dit M. Bergeret, que les juifs sont extraordinairement assimilables et l'espèce d'hommes la plus plastique et malléable qui soit au monde. Aussi volontiers qu'autrefois la nièce de Mardochée entra dans le harem d'Assuérus, les filles de nos financiers juifs épousent aujourd'hui les héritiers des plus grands noms de la France chrétienne. Il est tard, après ces unions, de parler de l'incompatibilité des deux races. Et puis je tiens pour mauvais qu'on fasse dans un pays des distinctions de races. Ce n'est pas la race qui fait la patrie. Il n'y a pas de peuple en Europe qui ne soit formé d'une multitude de races confondues et mêlées. La Gaule, quand César y entra, était peuplée de Celtes, de Gaulois, d'Ibères, différents les uns des autres d'origine et de religion. Les tribus qui plantaient des dolmens n'étaient pas du même sang que les nations qui honoraient les bardes et les druides. Dans ce mélange humain les invasions versèrent des Germains, des Romains, des Sarrasins, et cela fit un peuple, un peuple héroïque et charmant, la France qui naguère encore enseignait la justice, la liberté, la philosophie à l'Europe et au monde. Rappelez-vous la belle parole de Renan ; je voudrais pouvoir la citer exactement : « Ce qui fait que des hommes forment un peuple, c'est le souvenir des grandes choses qu'ils ont faites ensemble et la volonté d'en accomplir de nouvelles. »

— Fort bien, dit M. de Terremondre ; mais, n'ayant pas la volonté d'accomplir de grandes choses avec les juifs, je reste antisémite.

— Êtes-vous bien sûr de pouvoir l'être tout à fait ? demanda M. Bergeret.

— Je ne vous comprends pas, dit M. de Terremondre.

— Je m'expliquerai donc, dit M. Bergeret. Il y a un fait constant : chaque fois qu'on attaque les juifs, on en a un bon nombre pour soi. C'est précisément ce qui arriva à Titus.

À ce point de la conversation, le chien Riquet s'assit sur son derrière au milieu du chemin et regarda son maître avec résignation.

— Vous reconnaîtrez, poursuivit M. Bergeret, que Titus fut assez antisémite entre les années 67 et 70 de notre ère. Il prit Jotapate et en extermina les habitants. Il s'empara de Jérusalem, brûla le temple, fit de la ville un amas de cendres et de décombres qui, n'ayant plus de nom, reçut quelques années plus tard celui d'Ælia Capitolina. Il fit porter à Rome, dans les pompes de son triomphe, le chandelier à sept branches. Je crois, sans vous faire de tort, que c'est là pousser l'antisémitisme à un point que vous n'espérez pas d'atteindre. Eh bien ! Titus, destructeur de Jérusalem, garda de nombreux amis parmi les juifs. Bérénice lui fut tendrement attachée, et vous savez qu'il la quitta malgré lui et malgré elle. Flavius Josèphe se donna à lui, et Flavius n'était pas un des moindres de sa nation. Il descendait des rois asmonéens ; il vivait en pharisien austère et écrivait assez correctement le grec. Après la ruine du temple et de la cité sainte, il suivit Titus à Rome et se glissa dans la familiarité de l'empereur. Il reçut le droit de cité, le titre de chevalier romain et une pension. Et ne croyez pas, monsieur, qu'il crût ainsi trahir le judaïsme. Au contraire, il restait attaché à la loi et il s'appliquait à recueillir ses antiquités nationales. Enfin il était bon juif à sa façon et ami de Titus. Or, il y eut de tout temps des Flavius en Israël. Comme vous le dites, je vis fort retiré du monde et étranger aux personnes qui s'y agitent. Mais je serais bien surpris que les juifs, cette fois encore, ne fussent point divisés et qu'on n'en comptât pas un grand nombre dans votre parti.

— Quelques-uns, en effet, sont avec nous, dit M. de Terremondre. Ils y ont du mérite.

— Je le pensais bien, dit M. Bergeret. Et je pense qu'il s'en trouve parmi eux de fort habiles qui réussiront dans l'antisémitisme. On rapportait, il y a une trentaine d'années, le mot d'un sénateur, homme d'esprit, qui admirait chez les juifs la faculté de réussir et qui donnait pour exemple un certain aumônier de cour, israélite d'origine : « Voyez, disait-il, un juif s'est mis dans les curés, et il est devenu monsignor. »

Ne restaurons point les préjugés barbares. Ne recherchons pas si un homme est juif ou chrétien, mais s'il est honnête et s'il se rend utile à son pays.

Le cheval de M. Terremondre commençait à s'ébrouer, et Riquet, s'étant approché de son maître, l'invita d'un regard suppliant et doux à reprendre la promenade commencée.

— Ne croyez pas, du moins, dit M. de Terremondre, que j'enveloppe tous les juifs dans un sentiment d'aveugle réprobation. J'ai parmi eux d'excellents amis. Mais je suis antisémite par patriotisme.

Il tendit la main à M. Bergeret et porta son cheval en avant. Il avait repris tranquillement sa route, quand M. Bergeret le rappela :

— Eh ! cher monsieur de Terremondre, un conseil : puisque la paille est rompue, puisque vous et vos amis vous êtes brouillés avec les juifs, faites en sorte de ne rien leur devoir et rendez leur le dieu que vous leur avez pris. Car vous leur avez pris leur dieu !…

IV

MADAME CÉSAIRE

Moi, je suis antisémite de sentiment.

M. BERGERET

Il n'y a pas de raison à opposer à celle-là. Mais le sentiment n'autorise pas l'iniquité. C'est à vous-même que vous faites tort en étant injuste envers les juifs. L'arrêt du Conseil de guerre qui a condamné Dreyfus innocent cause plus de dommage aux juges qu'à leur victime.

MADAME CÉSAIRE

C'est une antipathie qui me vient de naissance.

LE CITOYEN COTON

Ou plutôt ne l'avez-vous pas prise dans les petites histoires saintes qu'on vous donnait à lire quand vous étiez enfant ?

MADAME CÉSAIRE

Je ne crois pas.

M. BERGERET

Du moins avez-vous pu remarquer, madame, que les juifs sont traités avec beaucoup d'amour et beaucoup de haine dans ces menus livres de doctrine chrétienne. Avant Jésus-Christ, ils sont le peuple élu, la nation chérie de Dieu. Bossuet les loue comme jamais rabbin n'osa le faire. Mais après Jésus-Christ tout change. Ils ont accompli le plus grand des crimes ; ils sont des maudits. Le traître Judas devient le symbole de toute leur race. Sans doute vous leur reprochez la mort de votre Dieu.

MADAME CÉSAIRE

À propos ! j'ai lu, dans un article très bien fait, que Jésus n'était pas Juif, qu'il était né en terre des gentils, qu'il était aryen. Je m'en doutais. Mais j'ai été bien contente d'en avoir la certitude.

M. BERGERET

Vous croyez, madame, que Jésus n'était pas Juif. Alors que faites-vous des deux généalogies par lesquelles Luc et Mathieu rattachent le Messie à la race de David, pour l'accomplissement des prophéties ?

MADAME CÉSAIRE

Je n'en fais rien. Je suis trop contente que Jésus-Christ ne soit pas Juif.

M. ROMANCEY

Moi je suis ennemi des juifs, et ce n'est pas pour des raisons confessionnelles. Je leur reproche d'être cosmopolites. Et je considère le cosmopolitisme comme le plus grand danger qui menace la France.

M. BERGERET

Si c'est être cosmopolite que d'élire domicile chez tous les peuples, il est vrai que les juifs sont cosmopolites de nature et de tempérament. Ils le furent toujours. Ils l'étaient avant que le délicieux Titus eût grandement favorisé cette inclination naturelle en faisant de la Judée un désert. Mais il faudrait rechercher si les juifs ne sont pas capables de s'attacher à leur patrie adoptive. On reconnaît en France que les juifs d'Allemagne sont Allemands. On reconnaît en Allemagne que les juifs français sont Français.

M. ROMANCEY

Les juifs n'ont pas de patrie. Ils sont agioteurs ou spéculateurs. Ils procèdent au dépouillement méthodique des chrétiens. Cela crève les yeux.

M. BERGERET

Il y a quatre-vingt mille juifs en France. Tous ne sont pas agioteurs. Le plus grand nombre est pauvre. Autrefois, les soirs d'été, en passant par le faubourg Saint-Antoine, je voyais, sur des bancs, autour d'une petite place plantée d'arbres, des juifs déguenillés. Vieillards, femmes, enfants, filles aux noires chevelures, serrés les uns contre les autres, ils montraient, sous l'armée innombrable des étoiles, avec tranquillité une misère antique, d'un éclat oriental.

Ceux-là, toute la journée, travaillaient chez les petits patrons du faubourg ou brocantaient de vieux habits. Je crois qu'ils étaient plus attachés à leur religion que les barons israélites qui tiennent trop de place dans notre société. Mais ils ne procédaient point au dépouillement méthodique des chrétiens. Depuis lors j'ai vécu en province et je ne sais ce que sont devenus ces juifs du Marais. Mais je connais des israélites qui ont voué leur vie à la science et qui, par leurs travaux, honorent la France, notre patrie et la leur. L'un est un des premiers hellénistes du monde, l'autre a fait de grandes découvertes en assyriologie ; un troisième a recherché avec une admirable méthode les lois du langage. On trouve des juifs dans tous les départements du savoir humain. Ceux-là sont aussi étrangers au commerce de l'or qu'Aboulafia le Kabbaliste, qui se livrait à de profonds calculs, non pour établir l'état de sa fortune, car il ne possédait rien, mais pour connaître la valeur numérique du nom de Dieu.

M. ROMANCEY

Je ne m'occupe pas des juifs qui se confinent dans la science. Je m'attaque à la haute banque israélite, qui est cosmopolite par tradition et par intérêt.

M. BERGERET

La haute banque catholique a-t-elle d'autres mœurs ? J'en doute. Je ne vois pas qu'à la Bourse le jeu du chrétien soit différent du jeu de l'israélite.

MADAME CÉSAIRE

J'ai perdu dans les Mines d'or. Mon argent a passé aux juifs. Je ne m'en console pas. Il m'aurait été bien moins pénible d'être dépouillée par des chrétiens. Voyons, est-il possible de subir la loi de l'argent juif ? Je m'adresse à monsieur Coton. Nous n'avons pas les mêmes idées en religion et en politique. Vous êtes pour la suppression du budget des cultes, ce qui serait une iniquité monstrueuse, une spoliation. Vous êtes pour la socialisation du capital… C'est comme cela qu'on dit, n'est-ce pas ?…

LE CITOYEN COTON

Oui, madame.

MADAME CÉSAIRE

C'est une chose affreuse ! Quand on a voulu mettre l'impôt sur le revenu, j'en ai été malade… Positivement ! Je connaissais la femme d'un ministre. Je suis allée la trouver. Je me suis jetée à ses genoux. Je lui ai dit : « Madame, ne permettez pas à votre mari d'accomplir cette infamie. » C'est vous dire que nous n'avons pas les mêmes opinions. Mais vous êtes Français, vous êtes Français de race, d'origine, Français de vieille souche…

LE CITOYEN COTON

Je suis fils d'un cordonnier de la Villette et d'une laitière de Palaiseau.

MADAME CÉSAIRE

Eh bien ! est-ce que vous n'éprouvez pas pour le Juif une invincible répulsion ? Est-ce que tout en eux, leur parler, leur aspect, ne vous choque pas ?

LE CITOYEN COTON

Excusez-moi, madame. Je n'ai pas de ces délicatesses. Au sortir de l'École normale, je suis entré à la rédaction d'un journal socialiste. J'écris pour le peuple et je pense comme lui. Le bonhomme Prolo ne hait point un homme pour la forme de son nez. Et puis, permettez-moi de vous le dire : il est affranchi des superstitions qui abêtissent les bourgeois et les rendent méchants. Il ne croit pas que les juifs ont une figure de bouc, des cornes au front et un appendice caudal, qu'ils répandent du sang par le nombril le vendredi saint et qu'ils crucifient un enfant en cérémonie. Il sait qu'il y a des juifs cupides, enrichis par l'usure et l'agio et qui n'ont que des pensées de lucre. Il sait qu'il y a des juifs occupés uniquement de justice et qui consacrèrent leur vie entière à l'affranchissement des prolétaires. Les distinctions de race ne le préoccupent point, parce qu'elles sont chimériques et qu'il vit dans le réel, au dur contact de la nécessité.

MADAME CÉSAIRE

Ah ! si, par exemple ! il y a des ouvriers antisémites ; je les ai vus défiler sur les boulevards, devant le Cercle militaire, un jour de grande manifestation.

114

LE CITOYEN COTON

Ne vous faites pas d'illusions, madame, le prolétariat ne se soucie point de l'antisémitisme. Il a d'autres chats à fouetter.

M. ROMANCEY

Monsieur Coton, la question sémitique est une question vitale pour la France. Je suis propriétaire et agriculteur. Je parle en connaissance de cause.

LE CITOYEN COTON

Donc la lutte est entre l'aristocratie territoriale et l'aristocratie financière. C'est une guerre de possédants. L'ouvrier n'a pas à s'en mêler.

M. ROMANCEY

Il y a encore à l'antisémitisme d'autres causes profondes.

M. BERGERET

J'en suis persuadé. L'antisémitisme politique et social, qui se rattache à l'antisémitisme religieux par les ralliés de M. Méline et les moines journalistes de la *Croix*, est fomenté non seulement par l'aristocratie terrienne, agricole, qui ne peut soutenir la concurrence étrangère, s'appauvrit et s'épuise, mais aussi par la petite bourgeoisie arriérée et routinière, qui ne sait pas s'adapter aux formes nouvelles, plus amples, de l'industrie et du commerce. Tout ce monde souffre, et s'en prend au juif qui prospère, et non pas toujours sans insolence.

LE CITOYEN COTON

Tout cela, c'est du battage ! On crie « Sus au juif ! » pour culbuter la République, et se ruer aux places. Le beau monde commence à sentir le besoin d'exercer, sous le Roi, des fonctions lucratives. Il a fortement écopé dans le krach des mines d'or. Les Mines d'or, ç'a été le Panama de l'aristocratie.

M. ROMANCEY

Il y a un fait, c'est que le juif nous dévore. Mais patience ! Nous ne manquons pas d'énergie. On trouvera moyen, un jour, de lui faire rendre gorge, et on le mettra tout nu dehors.

LE CITOYEN COTON

Fort bien ! Mais quand vous aurez dépouillé et chassé Israël, lorsque M. de Rothschild aura vendu sa maison pour un âne, les travailleurs en deviendront-ils plus heureux ? Le régime capitaliste leur sera-t-il plus favorable ? Les patrons leur feront-ils des conditions meilleures ? Le jour de notre émancipation sera-t-il plus proche ? Pourquoi serions-nous antisémites ? Quelles raisons aurions-nous de préférer

Rodin à Shylock. Est-il plus agréable d'être dévoré par M. Vautour que d'être croqué par Moïse Geiermann. Nous n'avons rien à voir avec la synagogue, mais nous nous méfions de Notre-Dame-de-l'Usine. La puissance inique de l'argent, voilà le mal. Nous sommes également ennemis du capital juif et du capital chrétien. Nous regardons tranquillement les chrétiens et les sémites lutter pour la galette. Que Jacob dépouille saint Pierre ou que saint Pierre mette la main sur le sac du juif, peu nous importe. Mais il nous sera agréable de voir la richesse se concentrer dans un très petit nombre de mains. Notre mission se trouvera ainsi simplifiée le jour de la grande liquidation.

V

— Il est malheureusement hors de doute, dit M. Bergeret, que les vérités scientifiques qui entrent dans les foules s'y enfoncent comme dans un marécage, s'y noient, n'éclatent point et sont sans force pour détruire les erreurs et les préjugés.

Les vérités de laboratoire, n'ont point d'empire sur la masse du peuple. Je n'en citerai qu'un exemple. Le système de Copernic et de Galilée est absolument inconciliable avec la physique chrétienne. Pourtant vous voyez qu'il a pénétré, en France et partout au monde, jusque dans les écoles primaires, sans modifier de la façon la plus légère les concepts théologiques qu'il devait détruire absolument. Il est certain que les idées d'un Laplace sur le système du monde font paraître la vieille cosmogonie judéo-chrétienne aussi puérile qu'un tableau à horloge fabriqué par quelque ouvrier suisse. Pourtant les théories de Laplace sont clairement exposées depuis près d'un siècle sans que les petits contes juifs ou chaldéens sur l'origine du monde, qui se trouvent dans les livres sacrés des chrétiens, aient rien perdu de leur crédit sur les hommes. La science n'a jamais fait de tort à la religion, et l'on démontrera l'absurdité d'une pratique pieuse sans diminuer le nombre des personnes qui s'y livrent.

Les vérités scientifiques ne sont pas sympathiques au vulgaire. Les peuples vivent de mythologie. Ils tirent de la fable toutes les notions dont ils ont besoin pour vivre. Il ne leur en faut pas beaucoup, et quelques simples mensonges suffisent à dorer des millions d'existences.

———

L'ARMÉE ET L'AFFAIRE

I

Donc, étant sur le Pont-Neuf, nous entendîmes un roulement de tambour. C'était le ban d'un sergent recruteur, qui, le poing à la hanche, se carrait sur le terre-plein, en avant d'une douzaine de soldats portant des pains et des saucisses enfilés à la baïonnette de leurs fusils. Un cercle de gueux et de marmots le regardaient bouche bée.

— Ce sergent recruteur, me dit mon bon maître, que vous entendez d'ici promettre à ces gueux un sou par jour avec le pain et la viande, m'inspire, mon fils, de profondes réflexions sur la guerre et l'armée. J'ai fait tous les métiers, hors celui de soldat qui m'a toujours inspiré du dégoût et de l'effroi, par les caractères de servitude, de fausse gloire et de cruauté qui y sont attachés, et qui se trouvent les plus contraires à mon naturel pacifique, à mon amour sauvage de la liberté et à mon esprit qui, jugeant sainement de la gloire, estime au juste prix celle de la mousqueterie. Je ne parle point de mon penchant invincible à la méditation qui eût été trop excessivement contrarié par l'exercice du sabre et du fusil. Ne voulant point être César, vous concevrez que je ne veuille point être non plus La Tulipe ou Brin-d'Amour. Et je ne vous cache pas, mon fils, que le service militaire me paraît la plus effroyable peste des nations policées…

Pourtant je crois que si le prince ordonne jamais à tous les citoyens de se faire soldats, il sera obéi, je ne dis pas avec docilité, mais avec allégresse. J'ai observé que le métier le plus naturel à l'homme est le métier de soldat ; c'est celui auquel il est porté le plus facilement par ses instincts et par ses goûts, qui ne sont pas tous bons. Et, hors quelques rares exceptions, dont je suis, l'homme peut être défini un animal à mousquet. Donnez-lui un bel uniforme avec l'espérance d'aller se battre ; il sera content. Aussi faisons-nous de l'état militaire l'état le plus noble, ce qui est vrai dans un sens, car cet état est le plus ancien, et les premiers humains firent la guerre. L'état militaire a cela aussi d'approprié à la nature humaine, qu'on n'y pense jamais, et il est clair que nous ne sommes pas faits pour penser. La pensée est une maladie particulière à quelques individus et qui ne se propagerait pas sans amener promptement la fin de l'espèce. Les soldats vivent en troupe, et l'homme est un animal sociable. Ils portent des habits bleus et blancs, bleus et rouges, gris et bleus, des rubans, des plumets et des cocardes, qui leur donnent sur les filles l'avantage du coq sur la poule. Ils vont en guerre et à la maraude, et l'homme est naturellement voleur, libidineux, destructeur et sensible à la gloire. C'est l'amour de la gloire qui décide surtout nos Français à prendre les armes. Et il est certain que, dans l'opinion, la gloire militaire est la seule éclatante. Il suffit, pour s'en assurer, de lui lire les histoires. La Tulipe semblera excusable de n'être pas plus philosophe que Tite-Live.

Mon bon maître poursuivit en ces termes :

— Il faut considérer, mon fils, que les hommes, liés les uns aux autres, dans la suite des temps, par une chaîne dont ils ne voient que peu d'anneaux, attachent l'idée de noblesse à des coutumes dont l'origine fut humble et barbare. Leur ignorance sert leur vanité. Ils fondent leur gloire sur des misères antiques, et la noblesse des armes sort tout entière de cette sauvagerie des premiers âges dont la Bible et les poètes ont conservé le souvenir. Et qu'est-ce en réalité que cette gentilhommerie militaire, roidie avec tant d'orgueil au-dessus de nous, sinon les restes dégénérés de ces malheureux chasseurs des bois que le poète Lucrèce a peints de telle manière qu'on doute si ce sont des hommes ou des bêtes ? Il est admirable, Tournebroche, mon fils, que la guerre et la chasse, dont la seule pensée nous devrait accabler de honte et de remords en nous rappelant les misérables nécessités de notre nature et notre méchanceté invétérée, puissent au contraire servir de matière à la superbe des hommes, que les peuples chrétiens continuent d'honorer le métier de boucher et de bourreau quand il est ancien dans les familles, et qu'enfin on mesure chez les peuples polis l'illustration des citoyens sur les quantités de meurtres et de carnages qu'ils portent pour ainsi dire dans leurs veines.

— Monsieur l'abbé, demandai-je à mon bon maître, ne croyez-vous pas que le métier des armes est tenu pour noble à cause des dangers qu'on y court et du courage qu'il y faut déployer ?

— Mon fils, répondit mon bon maître, si vraiment l'état des hommes est noble en proportion du danger qu'on y court, je ne craindrais pas d'affirmer que les paysans et les manouvriers sont les plus nobles hommes d'état, car ils risquent tous les jours de mourir de fatigue et de faim. Les périls auxquels les soldats et les capitaines s'exposent sont moindres en nombre comme en durée ; ils ne sont que de peu d'heures pour toute une vie et consistent à affronter les balles et les boulets qui tuent moins sûrement que la misère. Il faut que les hommes soient légers et vains, mon fils, pour donner aux actions d'un soldat plus de gloire qu'aux travaux d'un laboureur et pour mettre les ruines de la guerre à plus haut prix que les arts de la paix…

… Mon fils, ajouta mon bon maître, je vous ferai paraître tout ensemble, dans l'état de ces pauvres soldats qui vont servir le roi, la honte de l'homme et sa gloire. En effet la guerre nous ramène et nous tire à notre brutalité naturelle ; elle est l'effet d'une férocité que nous avons en commun avec les animaux, je ne dis pas seulement les lions et les coqs qui y portent une admirable fierté, mais encore les oiselets, tels que les geais et les mésanges dont les mœurs sont très querelleuses, et même les insectes, guêpes et fourmis, qui se battent avec un acharnement dont les Romains eux-mêmes n'ont pas laissé d'exemple. Les causes principales de la guerre sont les mêmes chez l'homme et chez l'animal, qui luttent l'un et l'autre pour prendre ou conserver la proie, ou pour défendre le nid et la tanière, ou pour jouir d'une compagne. Il n'y a en cela aucune différence, et l'enlèvement des Sabines rappelle parfaitement ces combats de cerfs, qui, la nuit, ensanglantent nos forêts. Nous avons réussi seulement à colorer ces raisons basses et naturelles par les idées d'honneur que nous y répandons sans beaucoup d'exactitude. Si nous croyons aujourd'hui nous battre pour des motifs très nobles, cette noblesse est tout entière logée dans le vague de nos sentiments. Moins le but de la guerre est simple, clair, précis, plus la guerre elle-même est odieuse et détestable. Et s'il est vrai, mon fils, qu'on en soit venu à s'entretuer pour l'honneur, cela est un dérèglement excessif. Nous avons renchéri sur la cruauté des bêtes féroces, qui ne se font point de mal sans raisons sensibles. Et il est vrai de dire que l'homme est plus méchant et plus dénaturé dans ses guerres que les taureaux et que les fourmis dans les leurs. Ce n'est pas tout, et je déteste moins les armées pour la mort qu'elles sèment que pour l'ignorance et la stupidité qui leur font cortège. Il n'est pire ennemi des arts qu'un chef de mercenaires ou de partisans, et d'ordinaire les capitaines ne sont pas mieux formés aux bonnes lettres que leurs soldats. L'habitude d'imposer sa volonté par la force rend un homme de guerre très inhabile à l'éloquence, qui a sa source dans le besoin de persuader.

Aussi le militaire affecte-t-il le mépris de la parole et des belles connaissances…

Mon bon maître, à ces mots, s'était arrêté pour souffler ; je lui demandai s'il ne pensait pas qu'il faut beaucoup d'esprit pour gagner des batailles. Il me répondit en ces termes :

— Tournebroche, mon fils, à considérer la difficulté qu'il y a à rassembler et à conduire des armées, les connaissances qu'il faut dans l'attaque ou la défense d'une place et l'habileté qu'exige un bon ordre de bataille, on reconnaîtra aisément qu'un génie presque surhumain tel que celui d'un César est seul capable d'une telle entreprise, et l'on s'étonnera qu'il se soit trouvé des esprits propres à renfermer presque toutes les parties d'un véritable homme de guerre. Un grand capitaine connaît non seulement la figure des pays, mais encore les mœurs, les industries des peuples. Il retient dans sa pensée une infinité de petites circonstances dont il forme ensuite des vues simples et vastes. Les plans qu'il a lentement médités et tracés à l'avance, il peut les changer au milieu de l'action par inspiration soudaine, et il est à la fois très prudent et très audacieux ; sa pensée tantôt chemine avec la sourde lenteur de la taupe, tantôt s'élance du vol de l'aigle. Rien n'est plus vrai. Mais considérez, mon fils, que quand deux armées sont en présence, il faut que l'une d'elles soit vaincue, d'où il suit que l'autre sera nécessairement victorieuse, sans que le chef qui la commande ait toutes les parties d'un grand capitaine et sans même qu'il en ait aucune. Il est, je le veux, des chefs habiles ; il en est aussi d'heureux, dont la gloire n'est pas moindre. Comment, dans ces rencontres étonnantes, démêler ce qui est l'effet de l'art et ce qui vient de la fortune ? Mais vous m'écartez de mon sujet. Tournebroche, mon fils, je voulais montrer que la guerre est aujourd'hui la honte de l'homme et qu'elle en fut autrefois l'honneur. Établie sur les empires par nécessité, elle fut la grande éducatrice du genre humain. C'est par elle que les hommes se sont formés à toutes les vertus qui élèvent et soutiennent les cités. C'est par elle qu'ils ont appris la patience, la fermeté, le mépris du danger, la gloire du sacrifice. Le jour où des pâtres ont roulé des quartiers de roc pour en former une enceinte derrière laquelle ils défendirent leurs femmes et leurs bœufs, la première société humaine fut fondée et le progrès des arts assuré. Ce grand bien dont nous jouissons, la patrie, la ville, la chose auguste que les Romains adoraient par-dessus les dieux, l'*Urbs* est fille de la guerre.

La première cité fut une enceinte fortifiée, et c'est dans ce berceau rude et sanglant que furent nourries les lois augustes et les belles industries, les sciences et la sagesse. Et c'est pourquoi le vrai Dieu voulut être nommé le Dieu des armées.

Ce que je vous en dis, Tournebroche, mon fils, n'est pas pour que vous signiez votre engagement à ce sergent recruteur et soyez pris de l'envie de devenir un héros à raison de soixante coups de verge sur le dos par jour, en moyenne.

Aussi bien la guerre n'est-elle plus, dans nos sociétés, qu'un mal héréditaire, un retour lascif à la vie sauvage, une puérilité criminelle. Les princes de ce temps porteront à jamais l'illustre honte d'avoir fait de la guerre le jeu et l'amusement des cours. Il m'est douloureux de penser que nous ne verrons pas la fin de ces carnages concertés.

Quant à l'avenir, à l'insondable avenir, souffrez, mon fils, que je le rêve plus conforme à l'esprit de douceur et d'équité qui est en moi. L'avenir est un lieu commode pour y mettre des songes. C'est là, comme en Utopie, que le sage se plaît à bâtir. Je veux croire que les peuples se feront un jour de paisibles vertus. C'est dans la grandeur croissante des armements que je me flatte de découvrir un lointain présage de paix universelle. Les armées augmentent en force et en nombre. Les peuples entiers y seront un jour engouffrés. Alors le nombre périra par son trop de nourriture. Il crèvera d'obésité.

II

… Ainsi M. Bergeret composait sa tristesse et ses ennuis en songeant que sa vie était étroite, recluse et sans joie, que sa femme avait l'âme vulgaire et n'était plus belle, que ses filles ne l'aimaient pas, et que les combats d'Énée et de Turnus étaient insipides. Il fut distrait de ces pensées par la venue de M. Roux, son élève, qui, faisant son année de service militaire, se présenta au maître en pantalon rouge et capote bleue.

— Hé ! dit M. Bergeret, voici qu'ils ont travesti mon meilleur latiniste en héros !

Et comme M. Roux se défendait d'être un héros :

— Je m'entends, dit le maître de conférences. J'appelle proprement héros un porteur de briquet. Si vous aviez un bonnet à poil, je vous nommerais grand héros. C'est bien le moins qu'on flatte un peu les gens qu'on envoie se faire tuer. On ne saurait les charger à meilleur marché de la commission. Mais puissiez-vous, mon ami, n'être jamais immortalisé par un acte héroïque, et ne devoir qu'à vos connaissances en métrique latine les louanges des hommes ! C'est l'amour de mon pays qui seul m'inspire ce vœu sincère. Je me suis persuadé, par l'étude de l'histoire, qu'il n'y avait guère d'héroïsme que chez les vaincus et dans les déroutes…

… — C'est bien possible, dit M. Roux. Mais il y a autre chose. C'est la joie innée de tirer des coups de fusil. Vous savez, mon cher maître, que je ne suis pas un animal destructeur. Je n'ai pas de goût pour le militarisme. J'ai même des idées humanitaires très avancées, et je crois que la fraternité des peuples sera l'œuvre du socialisme triomphant. Enfin, j'ai l'amour de l'humanité. Mais dès qu'on me fiche un fusil dans la main, j'ai envie de tirer sur tout le monde. C'est dans le sang.

M. Roux était un beau garçon robuste qui s'était vite débrouillé au régiment. Les exercices violents convenaient à son tempérament sanguin. Et comme il était, de plus, excessivement rusé, il avait non pas pris le métier en goût, mais rendu supportable la vie de caserne et conservé sa santé et sa belle humeur.

— Vous n'ignorez pas, cher maître, ajouta-t-il, la force de la suggestion. Il suffit de donner à un homme une baïonnette au bout d'un fusil, pour qu'il l'enfonce dans le ventre du premier venu et devienne, comme vous dites, un héros…

… — Vous êtes un peu bruni, monsieur Roux, dit Mme Bergeret, et, il me semble, un peu maigri. Mais cela ne vous va pas mal.

— Les premiers mois sont fatigants, répondit M. Roux. Évidemment, l'exercice à six heures du matin, dans la cour du quartier, par huit degrés de froid, est pénible, et l'on ne surmonte pas tout de suite les dégoûts de la chambrée. Mais la fatigue est un grand remède et l'abêtissement une précieuse ressource. On vit dans une stupeur qui fait l'effet d'une couche d'ouate. Comme on ne dort, la nuit, que d'un sommeil à tout moment interrompu, on n'est pas bien éveillé le jour. Et cet état d'automatisme léthargique où l'on demeure est favorable à la discipline, conforme à l'esprit militaire, utile au bon ordre physique et moral des troupes.

III

… — Sans manquer au loyalisme qui m'attache à la maison de Savoie, dit le commandeur Aspertini, je reconnais que le service militaire et l'impôt importunent assez le peuple de Naples pour lui faire regretter parfois le bon temps du roi Bomba et la douceur de vivre sans gloire sous un gouvernement léger. Il n'aime ni payer ni servir. Un législateur doit mieux comprendre les nécessités de la vie nationale. Mais vous savez que, pour ma part, j'ai toujours combattu la politique des mégalomanes et que je déplore ces grands armements qui arrêtent tout progrès intellectuel, moral et matériel dans l'Europe continentale. C'est une grande folie, et ruineuse, qui finira dans le ridicule.

— Je n'en prévois pas la fin, répondit M. Bergeret. Personne ne la désire, hors quelques sages sans force et sans voix. Les chefs d'État ne peuvent souhaiter le désarmement qui rendrait leur fonction difficile et mal sûre, et leur ferait perdre un admirable instrument de règne. Car les nations armées se laissent conduire avec docilité. La discipline militaire les forme à l'obéissance et l'on ne craint chez elle ni insurrections, ni troubles, ni tumultes d'aucune sorte. Quand le service est obligatoire pour tous, quand tous les citoyens sont soldats ou le furent, toutes les forces sociales se trouvent disposées de manière à protéger le pouvoir, ou même son absence, comme on l'a vu en France.

M. Bergeret en était à ce point de ses considérations politiques lorsque éclata, du côté de la cuisine prochaine, un bruit de graisses répandues sur un brasier ; le maître de conférences en induisit que la jeune Euphémie avait, selon la coutume des jours de gala, renversé sa casserole dans le fourneau après l'y avoir imprudemment dressée sur une pyramide de charbons. Il reconnut qu'un tel fait se produisait avec la rigueur inexorable des lois qui gouvernent le monde. Une exécrable odeur de graillon pénétra dans le cabinet de travail, et M. Bergeret poursuivit en ces mots le cours de ses idées :

— Si l'Europe n'était pas en caserne, on y verrait, comme autrefois, des insurrections éclater, soit en France, soit en Allemagne ou en Italie. Mais les forces obscures qui, par moments, soulèvent les pavés des capitales, trouvent aujourd'hui un emploi régulier dans des corvées de quartier, le pansement des chevaux et le sentiment patriotique.

Le grade de caporal donne une issue convenablement ménagée à l'énergie des jeunes héros qui, libres, eussent fait des barricades pour se dégourdir les bras. En blouse, ces héros aspireraient à la liberté. Portant l'uniforme, ils aspirent à la tyrannie et font régner l'ordre. La paix intérieure est facile à maintenir dans les nations armées, et vous remarquerez que si, dans le cours de ces vingt-cinq dernières années, Paris, une fois, s'est quelque peu agité, c'est que le mouvement avait été communiqué par un ministre de la guerre. Un général avait pu faire ce qu'un tribun n'aurait pas fait. Et quand ce général fut détaché de l'armée, il le fut en même temps de la nation et perdit sa force. Que l'État soit monarchie, empire ou république, ses chefs ont donc intérêt à maintenir le service obligatoire pour tous, afin de conduire une armée au lieu de gouverner une nation.

Le désarmement, qu'ils ne souhaitent pas, n'est pas désiré non plus par les peuples. Les peuples supportent très volontiers le service militaire qui, sans être délicieux, correspond à l'instinct violent et ingénu de la plupart des hommes, s'impose à eux comme l'expression la plus simple, la plus rude et la plus forte du devoir, les domine par la grandeur et l'éclat de l'appareil, par l'abondance du métal qui y est employé, les exalte enfin par les seules images de puissance, de grandeur et de gloire qu'ils soient capables de se représenter. Ils s'y ruent en chantant ; sinon, ils y sont mis de force. Aussi ne vois-je pas la fin de cet état honorable qui appauvrit et abêtit l'Europe.

— Il y a deux portes pour en sortir, répondit le commandeur Aspertini : la guerre et la banqueroute.

— La guerre ! réplique M. Bergeret. Il est visible que les grands armements la retardent en la rendant trop effrayante et d'un succès incertain pour l'un et l'autre adversaire. Quant à la banqueroute, je la prédisais l'autre jour, sur un banc du mail, à M. l'abbé Lantaigne, supérieur du grand séminaire. Mais il ne faut pas m'en croire. Vous avez trop étudié l'histoire du Bas-Empire, cher monsieur Aspertini, pour savoir ce qu'il y a, dans les finances des peuples, de ressources mystérieuses, dont la connaissance échappe aux économistes. Une nation ruinée peut vivre cinq cents ans d'exactions et de rapines, et comment supputer ce que la misère d'un grand peuple fournit de canons, de fusils, de mauvais pain, de mauvais souliers, de paille et d'avoine à ses défenseurs ?

IV

M. Panneton de la Barge avait des yeux à fleur de tête et une âme à fleur de peau. Et comme sa peau était luisante, on lui voyait une âme grasse. Il faisait paraître en toute sa personne de l'orgueil avec de la rondeur et une fierté qui semblait ne pas craindre d'être importune. M. Bergeret soupçonna que cet homme venait lui demander un service.

Ils s'étaient connus en province. Le professeur voyait souvent dans ses promenades, au bord de la lente rivière, sur un vert coteau, les toits d'ardoise fine du château qu'habitait M. de la Barge avec sa famille. Il voyait moins souvent M. de la Barge, qui fréquentait la noblesse de la contrée, sans être lui-même assez noble pour se permettre de recevoir les petites gens. Il ne connaissait M. Bergeret, en province, qu'aux jours critiques où l'un de ses fils avait un examen à passer. Cette fois, à Paris, il voulait être aimable et il y faisait effort :

— Cher Monsieur Bergeret, je tiens tout d'abord à vous féliciter…

— N'en faites rien, je vous prie, répondit M. Bergeret avec un petit geste de refus, que M. de la Barge eut grand tort de croire inspiré par la modestie.

— Je vous demande pardon, Monsieur Bergeret ; une chaire à la Sorbonne, c'est une position très enviée... et qui convient à votre mérite.

— Comment va votre fils Adhémar ? — demanda M. Bergeret, qui se rappelait ce nom comme celui d'un candidat au baccalauréat qui avait intéressé à sa faiblesse toutes les puissances de la société civile, ecclésiastique et militaire.

— Adhémar ? Il va bien. Il va très bien. Il fait un peu la fête. Qu'est-ce que vous voulez ? Il n'a rien à faire. Dans un certain sens, il vaudrait mieux qu'il eût une occupation. Mais il est bien jeune. Il a le temps. Il tient de moi : il deviendra sérieux quand il aura trouvé sa voie.

— Est-ce qu'il n'a pas un peu manifesté à Auteuil ? demanda M. Bergeret avec douceur.

— Pour l'armée, pour l'armée, répondit M. Panneton de la Barge. Et je vous avoue que je n'ai pas eu le courage de l'en blâmer. Que voulez-vous ? Je tiens à l'armée par mon beau-père le général, par mes beaux-frères, par mon cousin le commandant...

Il était bien modeste de ne pas nommer son père Panneton, l'aîné des frères Panneton, qui tenait aussi à l'armée par les fournitures, et qui, pour avoir livré aux mobiles de l'armée de l'Est, qui marchaient dans la neige, des souliers à semelle de carton, avait été condamné en 1872, en police correctionnelle, à une peine légère avec des considérants accablants, et était mort, dix ans après, dans son château de la Barge, riche et honoré.

— J'ai été élevé dans le culte de l'armée, poursuivit M. Panneton de la Barge. Tout enfant, j'avais la religion de l'uniforme. C'était une tradition de famille. Je ne m'en cache pas, je suis un homme de l'ancien régime. C'est plus fort que moi, c'est dans le sang. Je suis monarchiste et autoritaire de tempérament. Je suis royaliste. Or, l'armée, c'est tout ce qui nous reste de la monarchie. C'est tout ce qui subsiste d'un passé glorieux. Elle nous console du présent et nous fait espérer en l'avenir.

M. Bergeret aurait pu faire quelques observations d'ordre historique ; mais il ne les fit pas, et M. Panneton de la Barge conclut :

— Voilà pourquoi je tiens pour criminels ceux qui attaquent l'armée, pour insensés ceux qui oseraient y toucher.

— Napoléon, répondit le professeur, pour louer une pièce de Luce de Lancival, disait que c'était une tragédie de quartier général. Je puis me permettre de dire que vous avez une philosophie d'état-major. Mais puisque nous vivons sous le régime de la liberté, il serait peut-être bon d'en prendre les mœurs. Quand on vit avec des hommes qui ont l'usage de la parole, il faut s'habituer à tout entendre. N'espérez pas qu'en France aucun sujet désormais soit soustrait à la discussion. Considérez aussi que l'armée n'est pas immuable ; il n'y a rien d'immuable au monde. Les institutions ne subsistent qu'en se modifiant sans cesse. L'armée a subi de telles transformations dans le cours de son existence, qu'il est probable qu'elle changera encore beaucoup à l'avenir, et il est croyable que, dans vingt ans, elle sera tout autre chose que ce qu'elle est aujourd'hui.

— J'aime mieux vous le dire tout de suite, répliqua M. Panneton de la Barge. Quand il s'agit de l'armée, je ne veux rien entendre. Je le répète, il n'y faut pas toucher. C'est la hache. Ne touchez pas à la hache. À la dernière session du Conseil général que j'ai l'honneur de présider, la minorité radicale-socialiste émit un vœu en faveur du service de deux ans. Je me suis élevé contre ce vœu antipatriotique. Je n'ai pas eu de peine à démontrer que le service de deux ans, ce serait la fin de l'armée. On ne fait pas un fantassin en deux ans. Encore moins un cavalier. Ceux qui réclament le service de deux ans, vous les appelez des réformateurs, peut-être ; moi, je les appelle des démolisseurs. Et il en est de toutes les réformes qu'on propose comme de celle-là. Ce sont des machines dressées contre l'armée. Si les socialistes avouaient qu'ils veulent la remplacer par une vaste garde nationale, ce serait plus franc.

— Les socialistes, répondit M. Bergeret, contraires à toute entreprise de conquête territoriale, proposent d'organiser les milices uniquement en vue de la défense du sol. Ils ne le cachent pas ; ils le publient. Et ces idées valent bien peut-être qu'on les examine. N'ayez pas peur qu'elles soient trop vite réalisées. Tous les progrès sont incertains et lents, et suivis le plus souvent de mouvements rétrogrades. La marche vers un meilleur ordre de choses est indécise et confuse. Les forces innombrables et profondes qui rattachent l'homme au passé lui en font chérir les erreurs, les superstitions, les préjugés et les barbaries, comme des gages précieux de sa sécurité. Toute nouveauté bienfaisante l'effraye. Il est imitateur par prudence, et il n'ose pas sortir de l'abri chancelant qui a protégé ses pères et qui va s'écrouler sur lui.

» N'est-ce pas votre sentiment, monsieur Panneton ? ajouta M. Bergeret, avec un charmant sourire.

M. Panneton de la Barge répondit qu'il défendait l'armée. Il la représenta méconnue, persécutée, menacée. Et il poursuivit d'une voix qui s'enflait :

— Cette campagne en faveur du traître, cette campagne si obstinée et si ardente, quelles que soient les intentions de ceux qui la mènent, l'effet en est certain, visible, indéniable. L'armée en est affaiblie, ses chefs en sont atteints.

— Je vais maintenant vous dire des choses extrêmement simples, répondit M. Bergeret. Si l'armée est atteinte dans la personne de quelques-uns de ses chefs, ce n'est point la faute de ceux qui ont demandé la justice, c'est la faute de ceux qui l'ont si longtemps refusée ; ce n'est pas la faute de ceux qui ont exigé la lumière, c'est la faute de ceux qui l'ont dérobée obstinément avec une imbécillité démesurée et une scélératesse atroce. Et enfin, puisqu'il y a eu des crimes, le mal n'est point qu'ils soient connus, le mal est qu'ils aient été commis. Ils se cachaient dans leur énormité et leur difformité même. Ce n'était pas des figures reconnaissables. Ils ont passé sur les foules comme des nuées obscures. Pensiez-vous donc qu'ils ne crèveraient pas ? Pensiez-vous que le soleil ne luirait plus sur la terre classique de la justice, dans le pays qui fut le professeur de droit de l'Europe et du monde ?

— Ne parlons pas de l'Affaire, répondit M. de La Barge. Je ne la connais pas. Je ne veux pas la connaître. Je n'ai pas lu une ligne de l'enquête. Le commandant de la Barge, mon cousin, m'a affirmé que Dreyfus était coupable. Cette affirmation m'a suffi… Je venais, cher monsieur Bergeret, vous demander un conseil. Il s'agit de mon fils Adhémar, dont la situation me préoccupe. Un an de service militaire, c'est déjà bien long pour un fils de famille. Trois ans, ce serait un véritable désastre. Il est essentiel de trouver un moyen d'exemption. J'avais pensé à la licence ès lettres… je crains que ce ne soit trop difficile. Adhémar est intelligent. Mais il n'a pas de goût pour la littérature.

— Eh bien ! dit M. Bergeret, essayez de l'École des hautes études commerciales, ou de l'Institut commercial, ou de l'École de commerce. Je ne sais si l'École d'horlogerie de Cluses fournit encore un motif d'exemption. Il n'était pas difficile, m'a-t-on dit, d'obtenir le brevet.

— Adhémar ne peut pourtant faire des montres, dit M. de La Barge avec quelque pudeur.

— Essayez de l'École des langues orientales, dit obligeamment M. Bergeret. C'était excellent à l'origine.

— C'est bien gâté depuis, soupira M. de La Barge.

— Il y a encore du bon. Voyez un peu dans le tamoul.

— Le tamoul, vous croyez ?

— Ou le malgache.

— Le malgache, peut-être.

— Il y a aussi une certaine langue polynésienne qui n'était plus parlée, au commencement de ce siècle, que par une vieille femme jaune. Cette femme mourut laissant un perroquet. Un savant allemand recueillit quelques mots de cette langue sur le bec du perroquet. Il en fit un lexique. Peut-être ce lexique est-il enseigné à l'École des langues orientales. Je conseille vivement à M. votre fils de s'en informer.

Sur cet avis, M. Panneton de La Barge salua et se retira pensif.

V

Comme on parlait de l'Affaire chez Paillot, dans le coin des bouquins, M. Bergeret, qui avait l'esprit spéculatif, exprima des idées qui ne correspondaient point au sentiment public.

— Le huis clos, dit-il, est une pratique détestable.

Et comme M. de Terremondre lui objectait la raison d'État, il répliqua :

— Nous n'avons point d'État. Nous avons des administrations. Ce que nous appelons la raison d'État, c'est la raison des bureaux. On nous dit qu'elle est auguste. En fait, elle permet à l'administration de cacher ses fautes et de les aggraver.

M. Mazure dit avec solennité :

— Je suis républicain, jacobin, terroriste… et patriote. J'admets qu'on guillotine les généraux, mais je ne permets pas qu'on discute les décisions de la justice militaire.

— Vous avez raison, dit M. de Terremondre, car si une justice est respectable, c'est bien celle-là. Et je puis vous assurer, connaissant l'armée, qu'il n'y a pas de juges aussi indulgents et aussi capables de pitié que les juges militaires.

— Je suis heureux de vous l'entendre dire, répliqua M. Bergeret. Mais l'armée étant une administration comme l'agriculture, les finances ou l'instruction publique, on ne conçoit pas qu'il existe une justice militaire quand il n'existe ni justice agricole, ni justice financière, ni justice universitaire. Toute justice particulière est en opposition avec les principes du droit moderne. Les prévôtés militaires paraîtront à nos descendants aussi gothiques et barbares que nous paraissent à nous les justices seigneuriales et les officialités.

— Vous plaisantez, dit M. de Terremondre.

— C'est ce qu'on a dit à tous ceux qui ont prévu l'avenir, répondit M. Bergeret.

— Mais si vous touchez aux conseils de guerre, s'écria M. de Terremondre, c'est la fin de l'armée, c'est la fin du pays !

M. Bergeret fit cette réponse :

— Quand les abbés et les seigneurs furent privés du droit de pendre des vilains, on crut aussi que c'était la fin de tout. Mais on vit bientôt naître un nouvel ordre, meilleur que l'ancien. Je vous parle de soumettre le soldat, en temps de paix, au droit commun. Croyez-vous que depuis Charles VII, ou seulement depuis Napoléon, l'armée française n'ait pas subi de plus grands changements que celui-là ?

— Moi, dit M. Mazure, je suis un vieux jacobin, je maintiens les conseils de guerre et je place les généraux sous l'autorité d'un comité de salut public. Il n'y a rien de tel pour les décider à remporter des victoires.

— C'est une autre question, dit M. de Terremondre. Je reviens à ce qui nous occupe, et je demande à M. Bergeret s'il croit, de bonne foi, que sept officiers ont pu se tromper.

— Quatorze ! s'écria M. Mazure.

— Quatorze, reprit M. de Terremondre.

— Je le crois, répondit M. Bergeret.

— Quatorze officiers français ! s'écria M. de Terremondre.

— Oh ! dit M. Bergeret, ils auraient été suisses, belges, espagnols, allemands ou néerlandais, qu'ils auraient pu se tromper tout autant.

— Ce n'est pas possible, s'écria M. de Terremondre.

Le libraire Paillot secoua la tête, pour exprimer qu'à son avis aussi, c'était impossible. Et le commis Léon regarda M. Bergeret avec une surprise indignée.

— Je ne sais si vous serez jamais éclairés, fit doucement M. Bergeret. Je ne le pense pas, quoique tout soit possible, même le triomphe de la vérité.

— Vous voulez parler de la revision, dit M. de Terremondre. Cela, jamais ! La revision, vous ne l'aurez pas. Ce serait la guerre. Trois ministres et vingt députés me l'ont dit.

— Le poète Bouchor, répondit M. Bergeret, nous enseigne qu'il vaut mieux endurer les maux de la guerre que d'accomplir une action injuste. Mais vous n'êtes point dans cette alternative, messieurs, et l'on vous effraye avec des mensonges.

Au moment où M. Bergeret prononçait ces paroles, un grand tumulte éclata sur la place. C'était une bande de petits garçons qui passaient en criant : « À bas Zola ! Mort aux Juifs ! » Ils allaient casser des carreaux chez le bottier Meyer qu'on croyait israélite, et les bourgeois de la ville les regardaient avec bienveillance.

VI

Citoyens,

Nous sommes ici pour la défense de la justice, nous sommes ici pour réclamer la réparation éclatante des iniquités commises. Nous sommes ici pour nous opposer à ce qu'on en commette de nouvelles, plus monstrueuses que les premières.

Quelle force opposons-nous à nos adversaires ? Quels moyens employons-nous pour obtenir satisfaction ? La force de la pensée, la puissance de la raison.

La pensée, un souffle, mais un souffle qui renverse tout. La raison qui, combattue et méprisée, finit toujours par prévaloir, parce qu'on ne peut vivre sans elle.

Nous aurons raison, parce que nous avons raison.

Après qu'un conseil de guerre a condamné un innocent et qu'un deuxième conseil de guerre a acquitté un coupable, condamnant ainsi l'innocent pour la deuxième fois, il ne faut pas qu'un troisième conseil de guerre confirme deux sentences iniques par une troisième plus inique encore, et frappe un homme coupable d'aimer la vérité d'un amour héroïque, coupable de s'être donné tout entier à une juste cause.

Avoir tout sacrifié à la paix de la conscience éveillée, c'est là le crime du colonel Picquart. Il lui assure l'estime de la France et du monde. La lumière vient. Picquart triomphera dans la lumière.

Mais si nous sommes certains du succès définitif de l'œuvre que nous accomplissons ici, nous redoutons avec trop de raison les effets de cet esprit d'imprudence qui entraîne nos adversaires aux abîmes. Nous redoutons une dernière iniquité, ou une suprême erreur. Nous la redoutons, non pour le colonel Picquart qui grandit dans l'épreuve, mais pour ses juges, pour la patrie, pour l'humanité tout entière. Nous pouvons tout craindre : on nous en a donné le droit. Cette semaine encore, ne nous est-il pas venu, du côté des accusateurs de Picquart, un exemple frappant d'aberration ? N'avons-nous pas entendu un général Mercier traiter d'arguties byzantines les clameurs de la pensée française, indignée contre l'injustice et le mensonge ?

De toutes parts, à cet ancien ministre renié par ses collègues, on crie : « Vous êtes véhémentement soupçonné d'avoir livré l'innocent et de l'avoir fait condamner sans défense, par une fraude indigne, d'avoir enfin commis le crime de forfaiture. » Et cet homme, que trouve-t-il à répondre ? Que ce sont là des arguties byzantines ! Il ne se justifie point, il ne s'excuse point, il ne s'indigne point, il ne se tait point et, craignant également de nier et d'avouer, il essaye de nous faire peur et il nous menace de périls imaginaires qui, s'ils étaient réels, seraient son propre ouvrage et l'ouvrage de ses pareils.

Citoyens,

À un tel trouble mental, dont nous pourrions citer bien d'autres exemples, opposons la raison, l'inébranlable raison. Disons aux ennemis de la vérité, qui sont aussi les ennemis de l'armée et de la patrie, disons-leur : Ne soutenez plus cet édifice croulant de mensonges, qui va tomber sur vous. Les poursuites dirigées contre Picquart sont tellement monstrueuses, que l'acquittement même ne serait pas une réparation suffisante. Cessez, sortez de l'absurde et du faux. Entendez, comprenez. Avertis par les premiers éclairs qui déchirent les nuées, reculez devant l'orage qui vient.

Et vous, citoyens réunis ici pour la défense du droit, ne faites entendre que le langage de la justice et de la raison. Mais faites-le entendre avec un bruit de tonnerre.

VII

Rotterdam. Dans une odeur de marée et d'épices, sous un ciel gris, où les nuages traînent lourdement comme de gros oreillers, les bateaux de forme ancienne dressent dans les canaux la futaie grêle et sèche des mâts et des espars. Les maisons étroites, aux pignons en escaliers ou en accolades, sont celles qu'on voit dans les tableaux des vieux maîtres. La ville a conservé sa figure du dix-septième siècle, sa physionomie du temps où le café et le tabac commençaient à venir en Europe. Bordée de quais où s'entassent les marchandises, entourée de chantiers et d'usines, elle garde, dans l'activité moderne, l'antique simplicité batave.

La place du Grand-Marché, sous laquelle passe un canal, est ombragée de beaux ormes, dont le feuillage opaque se mêle, dans le ciel fin, aux gréements des bateaux.

Là, ce matin, devant la vieille statue d'Érasme, des marchandes, coiffées d'un chapeau noir sur un bonnet blanc, avec deux grosses boules d'or aux tempes, étalent des poissons sortis tout irisés et nacrés de la mer, royaume des couleurs lumineuses et des phosphorescences mystérieuses.

Là aussi, parmi les ferrailles, brillent ces grands pots de cuivre étincelants que Karel Dujardin met sur la tête de ses laitières, qui troussent leur jupe pour passer le gué. On trouve même sur ce marché des bouquins dont l'aspect vous eût réjoui, mon cher Bergeret. Et j'ai acquis pour vous, au prix de deux florins, un *Grotius* in-folio, recouvert d'une vénérable peau de truie. Tandis que, songeant à ces grands humanistes de la Renaissance, qui se rendaient, chaque année, à la foire aux livres, dans ces villes de Hollande et d'Allemagne, je faisais affaire avec le libraire ambulant, un colporteur, près de moi, offrait des chemises de toile, en chantant, sur un air de complainte, des vers hollandais à lourdes rimes. Tout à coup, il interrompit son chant mercantile pour interpeller vivement le professeur Caspar Esselens, mon hôte et mon ami, qui, de sa maisonnette entourée de fleurs, m'avait accompagné jusqu'au Grand-Marché. Je vis qu'il me montrait du doigt et j'entendis qu'il prononçait le nom de Dreyfus.

— Reconnaissant à votre parler que vous êtes Français, me dit le professeur Caspar Esselens, il voudrait savoir de vous si la grande iniquité ne sera point réparée. Mais je ne vous cache pas qu'il craint que vous ne soyez un ennemi de Dreyfus et un de ces Français qui ne veulent point être justes, et à qui il ne saurait donner la bienvenue.

J'examinai le colporteur. C'était un très vieux Hollandais, hâlé comme un matelot.

Il avait de gros yeux clairs ; de longues peaux inertes lui tombaient des joues ; une touffe blanche de poils de bouc pendait à son menton. Il ressemblait au président Krüger, tel qu'on le voit sur son portrait dans les journaux anglais. Un tricot de laine enveloppait son corps maigre et robuste.

— Ce pauvre homme, m'écriai-je, s'occupe aussi de l'Affaire.

— Il n'y a personne dans notre ville qui ne s'y intéresse, me répondit le professeur Caspar Esselens. C'est la conversation de nos déchargeurs du port comme de nos magistrats. N'avez-vous pas vu les portraits de Picquart et de Zola à la vitrine de tous les libraires ? les bulletins du procès de Rennes affichés à la fenêtre de toutes les boutiques de tabac ? et, dans nos beaux magasins de la Hoogstraat, des cartes postales, des boutons de manchettes, des pipes, des étuis, une multitude de menus objets décorés de figures en l'honneur des défenseurs de la justice ? Ne savez-vous point que nous avons envoyé une adresse à Labori ? Les sentiments ici ne sont point partagés en deux sens contraires. L'innocence de Dreyfus et le crime d'Esterhazy éclatent à tous les yeux. Et, parce que nous aimons la France, son égarement, qui nous causa une pénible surprise, nous plonge dans une profonde tristesse. Ne vous étonnez pas si un marchand qui vend des chemises aux paysans est ainsi soucieux des intérêts de la justice. En Hollande, les gens du peuple sont instruits et moraux. L'Évangile est rapproché d'eux et familier, dans leurs livres de piété comme dans ces tableaux de Rembrandt où les paraboles sont mises en action par des Hollandais, tels qu'on en voit sur le Dam, dans les boutiques et au moulin.

Cependant, le colporteur se mit à me parler avec véhémence ; et il me sembla que, de sa gorge rouillée par l'air humide de la digue, sortaient des paroles de blâme et d'adjuration.

— Dites-lui, monsieur Esselens, que je suis un ami de Picquart et de Zola.

Ayant reçu ce bon avis, le colporteur réfléchit avec la lenteur des vieux et des simples, qui mâchent lentement leur pensée comme leur nourriture. Puis il me tendit la main.

Je ne crois pas que ce vieillard ait été payé par l'or juif. Je ne crois pas que mon ami, le professeur Caspar Esselens, qui a acquis par déduction, comme il le dit, la certitude scientifique de l'innocence de Dreyfus, soit un ennemi de la France. Je ne crois pas que la Hollande soit vendue au Syndicat, ni l'Europe. Car c'est l'Europe, c'est le monde entier qu'il eût fallu acheter. Ou bien, c'est le monde entier qui se rencontrerait dans une haine inconcevable de la France. L'Angleterre, égoïste et affairée, l'Allemagne, qui ne songe qu'à vivre en paix avec nous pour chercher au loin des débouchés à sa production hâtive, énorme, déjà surabondante ; la faible Autriche, à l'exception des antisémites qui pullulent à Vienne (car la maladie de l'antisémitisme, qui ne prend pas sur les peuples robustes, s'attaque aux nations malades) ; la Belgique, le Danemark, la Suisse, races sensées, d'esprit libéral ; l'Italie, la Russie, l'Amérique : tous les habitants du monde enfin, malgré la diversité de leurs génies et de leurs mœurs, de leurs croyances et de leurs habitudes, jugent cette affaire de la même manière et proclament l'innocence du condamné de 1894. Et l'on veut que le sentiment unanime du monde entier dépende d'un syndicat juif qu'on n'a jamais pu découvrir, et que tous les peuples de la terre conspirent pour sauver un petit capitaine israélite français ! Qui sont donc ces juifs qui achètent l'univers, quand leurs plus riches coreligionnaires de France gardent leur or, ou bien le mettent dans les journaux des jésuites et de l'état-major ? Une si niaise imagination a dû naître dans la loge où le Uhlan dînait avec la fille Pays, et c'est là, sans doute, dans les balayures de la concierge, qu'un général l'a ramassée pour la porter à la barre d'un Conseil de guerre.

Puisqu'il y a une conjuration des peuples, comment ne pas voir que c'est la conjuration de la conscience humaine ? Comment ne pas voir que, si tout ce qui est doué d'intelligence et de sentiment sur la planète se tourne vers le capitaine Dreyfus, c'est que cet être imperceptible, ce rien humain, est devenu le symbole de l'humanité souffrante et que l'humanité entière se sent offensée en lui ? Et comment ne pas voir que cette unanimité résulte des conditions mêmes dans lesquelles s'exercent l'intelligence et la raison, qui en définitive gouvernent les hommes, et que c'est partout la même pensée, parce que la pensée, dans son ensemble, obéit partout aux mêmes lois ?

Si l'on pense dans la planète Mars, si l'on pense dans le monde énorme et lointain de Sirius et si l'on y reçoit des nouvelles de notre monde terraqué, on y croit à l'innocence de Dreyfus, comme on y croit que la somme des trois angles d'un triangle est égale à deux angles droits.

Ayant mené ces réflexions sur le pavé du Grand-Marché, parmi les blondes et rondes ménagères, je me trouvai au pied de la statue de bronze qui figure Érasme de Rotterdam, debout, en bonnet carré et en robe fourrée, tenant dans ses mains un gros livre ouvert.

Le professeur Caspar Esselens, qui commente avec beaucoup de savoir et de goût les tragédies d'Euripide, ne craint point, en bon Hollandais, les grosses plaisanteries nationales. Il m'en fit une qui a pour elle l'autorité d'une longue tradition bourgeoise.

— Regardez bien la statue, me dit-il, et prenez patience. La main tournera le feuillet, quand l'heure sonnera.

Ce bon Érasme, établi maintenant dans sa ville, pour ne la plus jamais quitter, après avoir, en son temps, visité beaucoup de villes, beaucoup lu et beaucoup écrit, enseigné les lettres antiques, et châtié les mœurs en souriant, se montre si simple et si familier encore sur son socle glorieux, il a un tel air de bonhomie dans sa finesse, que, volontiers, j'aurais osé prendre quelques libertés avec lui. L'envie me venait de lui adresser la parole et de l'engager dans un de ces colloques qu'il menait, en son vivant, avec tant d'élégance et de raison. Pour un peu, je lui aurais dit avec un grand salut :

— Docteur, tu connaissais les moines et ne les aimais pas. Tu les savais ignares, libidineux, paresseux et gourmands. Les nôtres sont d'une nouvelle espèce. Je crois qu'ils te déplairaient davantage si tu les voyais travailler, avec des militaires, à l'abêtissement d'une grande nation qui, dans le siècle dernier, fut instruite dans la sagesse et dans la tolérance par des hommes excellents dont le plus illustre avait tes traits et ton sourire et autant d'esprit que toi. Ce peuple français, chez qui tu vins étudier en ta jeunesse, a été grandement berné, tympanisé et dindonné de nos jours par un quarteron de bureaucrates chamarrés. Ah ! docteur, la dame au bonnet vert à qui tu dictas d'ironiques discours, qu'on lit encore, agite précisément à cette heure, sur mes compatriotes assourdis, plus de sonnettes que n'en contenait la marotte que tu mis en sa main, plus de grelots que n'en eut jamais la mule espagnole qui te porta ton diplôme de conseiller de l'empereur Charles-Quint. On a persuadé aux coquebins, fort nombreux en tous pays et même en France, qu'il était honorable et profitable de maintenir un innocent au bagne afin de ne pas déplaire à un général qui l'a fait condamner frauduleusement, et qu'on admire pour avoir fait périr six mille soldats français dans une expédition contre des sauvages nus et sans armes. Croyais-tu, docteur, que la folie pût aller jusque-là ?

Voilà ce que j'aurais peut-être osé dire respectueusement à Érasme de Rotterdam, quand les onze heures sonnèrent au cadran de Groote Kerk. Alors le professeur Caspar Esselens me dit avec un rire candide :

— Onze heures ! Il n'a pas tourné le feuillet. C'est qu'il n'a pas entendu. Il est sourd.

Et je songeai :

« Tant mieux pour lui ! Heureux les sourds ! Ils n'entendent pas ces militaires mentir sous serment, pour l'honneur de l'armée. Ils n'entendent pas l'apologie forcenée des imposteurs et des faussaires. Ils n'entendent pas ces cris de mort aux juifs et de haine aux étrangers poussés dans les rues d'une ville qui convie les peuples aux fêtes d'une Exposition universelle. »

Le professeur Caspar Esselens me prit par le bras et me dit doucement :

— Croyez-moi, cher ami, les Français ont tort d'accueillir avec défiance et mépris toute pensée et toute opinion venue du dehors. Ils méconnaissent les conditions nécessaires de l'existence sur la planète. L'échange des idées est aussi indispensable aux peuples que l'échange des substances. Autrefois, la France comprenait cette vérité ; d'où vient qu'elle ne la comprend plus ?

Il tira de sa poche un cigare enveloppé d'or comme une momie royale de Thèbes et qu'il n'avait pas payé plus de dix cents ; il l'alluma et reprit du ton le plus cordial :

— Il était bien naturel que cette affaire nous intéressât comme si elle était nôtre. Ce qui vient de vous ne nous est jamais indifférent. Un de vos compatriotes l'a dit : « Les choses de France deviennent vite choses humaines. »

Et il poursuivit d'un accent plus grave :

— Surtout, ne croyez pas que le bon renom de la France, compromis par quelques malfaiteurs, soit pour cela perdu. Le peuple français est innocent de ces fautes et de ces crimes. Un peuple est toujours irresponsable parce qu'il est toujours inconscient, ou du moins qu'il ne parvient à la conscience que pour un petit nombre d'idées très grandes et très simples. En ce cas d'ailleurs il est certain que votre peuple a été trompé par ses journaux. Mais s'il est vrai que son ignorance a causé sa défaillance, s'il est vrai qu'il a essuyé une grande défaite morale, il est vrai pareillement qu'une petite poignée d'hommes courageux a sauvé l'honneur du pays. Vous savez en quelle estime nous tenons Zola et Picquart. La gloire d'Athènes est grande. Combien peu d'hommes font la gloire d'Athènes ! De tout temps, en tout lieu, les hommes qui honorèrent leur patrie en honorant l'humanité furent peu nombreux et le plus souvent méconnus, insultés, persécutés, condamnés à la prison, à l'exil, au supplice. Votre Renan, si je ne me trompe, a dit de bonnes choses dans ce sens.

Le professeur Caspar Esselens se tut, et comme il me sembla un peu plus inquiet que de raison sur l'issue de cette affaire si petite en fait et si grande en esprit, je pris soin de le rassurer :

— Ne perdez pas confiance, monsieur Esselens ; ne désespérez ni de la justice ni de la France. Tout cela, je vous le dis, finira, comme il convient, par la réhabilitation de l'innocent et le châtiment des coupables. J'en ai l'assurance. Et dites bien à vos élèves et à tous vos amis que la France, loin d'être abaissée, se trouve aujourd'hui précisément au plus haut point du monde, puisqu'on y combat pour une idée.

Je vous prie, mon cher Bergeret, etc.

VIII

M. Bergeret se promenait dans le jardin du Luxembourg, au déclin du jour. Les feuilles desséchées des platanes, qui tombaient en tournoyant à ses pieds, lui donnaient une douce idée de la mort ; il songeait que, pour la nature comme pour l'homme, vivre c'est périr sans cesse, et que les Grecs ingénieux avaient raison de donner à l'amour et à la mort le même visage et le même sourire. Sous la statue de la Marguerite des princesses il rencontra M. Mazure, archiviste départemental, qui était venu passer quelques jours à Paris, dans la science, l'amitié et les divertissements.

— Je viens de voir mon collègue Lehaleur, dit Mazure. La fièvre qu'il a prise à Rennes ne le quitte pas. Il en est consumé. Cette déplorable affaire n'a fait que trop de victimes. Heureusement qu'elle est terminée.

— Elle n'est pas terminée, répondit M. Bergeret. Les conséquences de toute action sont infinies. Celle-là aura des suites qu'il n'est possible à personne d'arrêter. Il en est des forces morales comme des forces physiques : elles se transforment et ne se perdent pas. On n'arrête pas un mouvement d'idées sans échauffer les esprits, et la chaleur, à son tour, produit du mouvement. On n'anéantit point une force.

— Il faut pourtant que l'apaisement se fasse. Le pays tout entier le veut. Il veut oublier.

— On ne s'endort pas sur un oreiller de fraudes et de violences. Il n'est point d'amnistie qui puisse réconcilier l'erreur et la vérité, le crime et l'innocence. Ne voyez-vous pas qu'il y a des justes qui ne veulent point être pardonnés ? Aujourd'hui même, Picquart et Zola refusent une injurieuse clémence et demandent justice.

— Il faut être raisonnable. Vous n'espérez pas ramener l'opinion égarée. Et il n'y a point de pouvoir en France que l'opinion n'entraîne pas. Pourquoi s'obstiner inutilement ?

— Il est vrai que si je m'arrêtais aux apparences, je pourrais désespérer de la justice. Il y a des criminels impunis ; la forfaiture et le faux témoignage sont publiquement approuvés comme des actes louables. Les esprits chérissent leur vieille erreur comme un bien précieux. Je n'espère pas que les adversaires de la vérité avouent qu'ils se sont trompés. Un tel effort n'est possible qu'aux plus grandes âmes. Mais les conséquences nécessaires de leurs erreurs et de leurs fautes se produisent malgré eux, et ils voient avec étonnement leur perte commencée.

— Ils restent le nombre.

— Aussi sont-ils vaincus par le dedans. Et c'est la défaite irréparable. Quand on est vaincu du dehors, on peut continuer la résistance et espérer une revanche. Mais la défaite intérieure est définitive. Qu'importe, dès lors, que les sanctions légales tardent ou manquent ! La seule justice naturelle et véritable est dans les conséquences mêmes de l'acte, non dans des formules extérieures, souvent étroites, parfois arbitraires. Et la faction des violents et des injustes souffre déjà cruellement de son injustice et de sa violence. Voyez et instruisez-vous. Ce parti énorme de l'iniquité, demeuré intact, respecté, redouté, tombe et s'écroule de lui-même, par l'effet d'un travail intime de dissolution, et périt par cela seul qu'il est mauvais. N'êtes-vous pas frappé de voir que ces tribunaux militaires, superbes, au milieu des louanges et des applaudissements, s'affaissent sous le poids des erreurs et des fautes dont on leur faisait des vertus ?

Une loi, déposée aujourd'hui sur le bureau de la Chambre, les atteint dans leur triomphe. Cette loi sera discutée, combattue, amendée peut-être. Elle sera votée. Les juges militaires l'ont eux-mêmes préparée, imposée. Les légistes du gouvernement n'ont fait que la rédiger. Une juridiction qui n'avait ni la lumière ni l'indépendance, est en vain applaudie, adulée, caressée. Elle va disparaître. Le moindre effort l'emportera. Pourtant hier encore elle sacrifiait, dans l'ivresse publique, un innocent à sa puissance. Et voici qu'elle meurt d'être injuste. Ainsi, par ses fautes, elle a contribué au progrès des mœurs :

C'est un ordre des dieux qui jamais ne se rompt
De nous vendre bien cher les grands biens qu'ils nous font.

Quand un tel résultat est déjà obtenu, pourquoi se plaindre que de grands coupables échappent à la loi et gardent de méprisables honneurs ? Cela n'importe pas plus, dans notre état social, qu'il n'importait, dans la jeunesse de la terre, quand déjà les grands sauriens des océans primitifs disparaissaient devant des animaux d'une forme plus belle et d'un instinct plus heureux, qu'il restât encore, échoués sur le limon des plages, quelques monstrueux survivants d'une race condamnée.

Et voyez encore. Ces moines ennemis de la justice et de la liberté fondaient leur puissance sur une iniquité qui semblait assez vaste pour les porter. Avant même que l'iniquité soit détruite, ils s'écroulent. Leur ruine est prochaine. La loi, la faible loi, insultée et bafouée par eux, entre tout à coup dans leurs riches maisons, et la caisse où ils entassaient des centaines de mille francs en gros sous est à cette heure fermée de ce petit fil si mince, qu'on ne peut rompre. Ce n'est là, je le sais, qu'une descente de police. Mais que de menaces sont suspendues sur ces agitateurs ! N'ont-ils pas désormais tout à craindre d'un Parlement naguère leur complice, qui demain les frappera peut-être, et avec eux toutes ces congrégations qui s'enrichissaient dans l'ombre, achetaient secrètement des maisons et des terres ? Et ces moines prospères, ces riches marchands de miracles courent un grand péril, pour s'être associés à l'injustice triomphante.

Voyez enfin ! tout ce qui s'appuya sur ce qui n'était pas la vérité chancelle. Méline était fort. Qu'est-il à présent ? Et les royalistes qui se croyaient plus forts que lui en se faisant plus iniques, que sont-ils devenus ? Leur prince, ses faibles forces l'ont abandonné. Il ne rôde plus, avide et craintif, autour de la France convoitée. Il va se cacher derrière les Pyramides, tandis que ses amis sont en prison.

Peu de changement dans l'état des esprits. Pas de ces brusques revirements des foules, qui étonnent. Rien de sensible ni de frappant. Pourtant il n'est plus, le temps où un Président de la République abaissait au niveau de son âme la justice, l'honneur de la patrie, les alliances de la République, où la puissance des ministres résultait de leur entente avec les ennemis des institutions dont ils avaient la garde ; ce temps de brutalité et d'hypocrisie où le mépris de l'intelligence et la haine de la justice étaient à la fois une opinion populaire et une doctrine d'État, où les pouvoirs publics protégeaient les porteurs de matraque, où c'était un délit de crier « Vive la République ! » Ces temps sont déjà loin de nous, comme descendus dans un passé profond, plongés dans l'ombre des âges barbares.

— Ils peuvent revenir.

— Ils peuvent revenir. Et vraiment nous n'en sommes séparés encore par rien de solide, par rien même d'apparent ni de distinct. Ils se sont évanouis comme les nuages de l'erreur qui les avait formés. Le moindre souffle peut encore ramener ces ombres. Je le sais. Je crois pourtant que la République est sauvée, et avec elle la parcelle de justice et de vérité qu'elle peut réaliser. C'est peu de chose. Mais ce peu nous est précieux quand nous avons failli perdre, dans un abîme de violence et d'imbécillité, tout ce qui fait le génie et la beauté de la France, la tolérance, la justice, la liberté de pensée, tout ce qui donne un sens à notre histoire, un caractère à notre peuple, tout ce qui est cher aux Français qui aiment assez leur patrie pour la vouloir juste et généreuse. Ce qui frappe nos adversaires comme des coups imprévus, ce qu'ils attribuent à la malignité d'un petit nombre d'hommes au pouvoir, encore mal assis et mal obéis, n'est en réalité que la conséquence de leurs propres fautes, quand ils ont cru se fortifier dans l'injustice et l'erreur. Il est de toute nécessité qu'une société humaine soit en définitive juste et raisonnable. La démocratie, sans en avoir conscience, les abandonne, et c'est pourquoi ils tombent par terre. Leur chute est molle, sur un terrain amolli. Mais il n'est pas certain qu'ils puissent se relever. Ce que n'ont pu faire les ennemis de la République et de la liberté quand ils avaient pour eux le Président de la République, les ministres, tous les pouvoirs publics, la presse, la foule terrifiée et abusée, et ces chevaux dont la bride était aux mains des séditieux, le pourront-ils quand les républicains, encore timides, mais inquiets et pleins de méfiance, commencent à se défendre ? Et qui donnera l'assaut ? La troupe mince et brillante des riches et des oisifs, renforcée des camelots à quarante sous. Rien de plus. Le bourgeois regarde avec bienveillance. Mais il ne combat pas, et il ne sert la réaction qu'en applaudissant aux couplets nationalistes des cafés-concerts. Cependant la masse grave et sombre, énorme, des travailleurs, qu'on n'amuse plus avec de la politique et des émeutes, le peuple qui, un jour, peut tout exiger puisqu'il produit tout, s'organise, apprend à penser et s'apprête à vouloir.

LA PRESSE[1]

Ce soir-là, M. Bergeret reçut, dans son cabinet, la visite de son collègue Jumage.

Alphonse Jumage et Lucien Bergeret étaient nés le même jour, à la même heure, de deux mères amies, pour qui ce fut, par la suite, un inépuisable sujet de conversations. Ils avaient grandi ensemble. Lucien ne s'inquiétait en aucune manière d'être entré dans la vie au même moment que son camarade. Alphonse, plus attentif, y songeait avec contention. Il accoutuma son esprit à comparer, dans leur cours, ces deux existences simultanément commencées, et il se persuada peu à peu qu'il était juste, équitable et salutaire que les progrès de l'une et de l'autre fussent égaux…

… Un effet assez étrange de cette étude comparée de deux existences fut que Jumage s'habitua à penser et à agir en toute occasion au rebours de Bergeret ; non qu'il n'eût point l'esprit sincère et probe, mais parce qu'il ne pouvait se défendre de soupçonner quelque malignité dans des succès de carrière plus grands et meilleurs que les siens, par conséquent iniques. C'est ainsi que, pour toutes sortes de raisons honorables qu'il s'était données et pour celle qu'il avait d'être le contradicteur, d'être l'autre de M. Bergeret, il s'engagea dans les nationalistes, quand il vit que le professeur de faculté avait pris le parti de la révision. Il se fit inscrire à la ligue de l'*Agitation française*, et même il y prononça des discours. Il se mettait pareillement en opposition avec son ami sur tous les sujets, dans les systèmes de chauffage économique et dans les règles de la grammaire latine. Et comme enfin M. Bergeret n'avait pas toujours tort, Jumage n'avait pas toujours raison.

Cette contrariété, qui avait pris avec les années l'exactitude d'un système raisonné, n'altéra point une amitié formée dès l'enfance : Jumage s'intéressait vraiment à Bergeret dans les disgrâces que celui-ci essuyait au cours parfois embarrassé de sa vie. Il allait le voir à chaque malheur qu'il apprenait. C'était l'ami des mauvais jours.

Ce soir-là, il s'approcha de son vieux camarade avec cette mine brouillée et trouble, ce visage couperosé de joie et de tristesse, que Lucien connaissait.

— Tu vas bien, Lucien ? Je ne te dérange pas ?

— Non.

— Je venais te voir… dit Jumage, te parler… Mais ça n'a aucune importance… Je t'apportais un article. Mais je te le répète, c'est sans importance.

Et il tira de sa poche un journal. M. Bergeret tendit lentement la main pour le prendre. Jumage le remit dans sa poche, M. Bergeret replia le bras, et Jumage posa, d'une main un peu tremblante, le papier sur la table :

— Encore une fois, c'est sans importance. Mais j'ai pensé qu'il valait mieux… Peut-être est-il bon que tu saches… Comme tu as des ennemis…

— Flatteur ! dit M. Bergeret.

Et prenant le journal, il lut ces lignes, marquées au crayon bleu :

« Un vulgaire pion dreyfusard, l'intellectuel Bergeret, qui croupissait en province, vient d'être chargé de cours à la Sorbonne. Les étudiants de la Faculté des lettres protestent énergiquement contre la nomination scandaleuse de ce protestant antifrançais. Et nous ne sommes pas surpris d'apprendre que bon nombre d'entre eux ont décidé d'accueillir comme il le mérite, par des huées, ce sale juif allemand, que le ministre de la trahison publique a l'outrecuidance de leur imposer comme professeur. »

Et quand M. Bergeret eut achevé sa lecture :

— Ne lis donc pas cela, dit vivement Jumage. Cela n'en vaut pas la peine. C'est si peu de chose.

— C'est peu, j'en conviens, répondit M. Bergeret. Encore faut-il me laisser ce peu comme un témoignage obscur et faible, mais honorable et véritable, de ce que j'ai fait dans des temps difficiles. Je n'ai pas beaucoup fait. Mais enfin j'ai couru quelques risques. Le doyen Stapfer fut suspendu pour avoir parlé de la justice sur une tombe. M. Bourgeois était alors grand maître de l'Université. Et nous avons connu des jours plus mauvais que ceux que nous fit M. Bourgeois. Sans la fermeté généreuse de mes chefs, j'étais chassé de l'Université par un ministre privé de sagesse. Je n'y pensai point alors. Je peux bien y songer maintenant et réclamer le loyer de mes actes. Or, quelle récompense puis-je attendre plus digne, plus belle en son âpreté, plus haute, que l'injure des ennemis de la justice ? J'eusse souhaité que l'écrivain injurieux, qui malgré lui me rend témoignage, sût exprimer une pensée plus exacte dans une forme plus durable. Mais c'était trop demander.

— Remarque, dit Jumage, que tu es diffamé en raison de tes fonctions. Tu peux traîner ton diffamateur devant le jury. Mais je ne te le conseille pas : il serait acquitté. Le jury a de ces défaillances.

— Il est vrai, dit M. Bergeret, que le jury semble incliner à croire que la diffamation des fonctionnaires et les attaques idéales dirigées contre les corps constitués ne sont point punissables. Si, quand on leur soumit cette lettre mesurée que Zola écrivit à un Président de la République mal préparé à entendre de si justes paroles, les jurés de la Seine en condamnèrent l'auteur, c'est qu'ils délibéraient sous des cris inhumains, sous des menaces hideuses, dans un insupportable bruit de ferraille, au milieu de tous les fantômes de l'erreur et du mensonge. Ils ne recommenceront pas. Et ils ont montré depuis qu'il ne fallait plus se plaindre à eux des blessures trop subtiles faites par les pierres de la parole et les flèches de la pensée. Je ne connais pas précisément leurs raisons, mais je leur en prêterai d'abondantes et d'excellentes.

» Peut-être estiment-ils qu'un délit si fréquent et mille fois répété chaque jour, du matin au soir, est non plus un délit, mais un usage. Peut-être pensent-ils que c'est de la politique et l'effet nécessaire de nos institutions ; qu'il est dangereux de limiter en faveur d'un seul intéressé les droits de la pensée humaine ; qu'il y a de bonnes diffamations comme il y en a de médiocres et de mauvaises, et qu'il est difficile de les distinguer ; qu'on peut porter de justes et généreuses accusations contre un homme puissant ou contre une grande institution sans être en état d'en fournir les preuves formelles, ainsi que cela s'est vu, et qu'il est enfin de ces accusations condamnées par les lois qui concourent au bien public et importent au salut de la patrie. Enfin, il est possible que les jurés acquittent les journalistes par excès de respect. Et il est possible qu'ils les acquittent par excès de mépris. En tout cas ils ont supprimé le délit de diffamation.

— Il est probable en effet, dit Jumage, que le jury ne t'accorderait aucune satisfaction. Mais si la proposition Joseph Fabre était votée, tu amènerais ton diffamateur en police correctionnelle où il serait admis à faire la preuve. Et comme il ne pourrait prouver que tu es à la fois un protestant antifrançais et un sale juif allemand, il serait condamné.

— J'aime beaucoup M. Joseph Fabre, qui a très bien parlé de Jeanne d'Arc, dit M. Bergeret. Mais sa loi est d'une excessive imprudence. Si elle était votée, les juges l'appliqueraient d'une façon qui pourrait bien un jour surprendre et contrister M. Joseph Fabre lui-même. Il n'est pas sage de remettre à d'honnêtes magistrats, qui ne savent que leur Code, la connaissance d'une cause qui intéresse contradictoirement une personne ou un groupe de personnes et l'universalité des citoyens et des hommes, car un journaliste écrit pour tout le monde et de sa liberté dépendent toutes les libertés.

— Mais alors !… dit Jumage.

— Alors, répondit le professeur Bergeret, l'offense aux grands corps publics et la diffamation des personnes en place ne seront point punies. Et ce sera bien ainsi. La diffamation est parfois infâme, parfois généreuse. L'indignité du diffamé la rend innocente, l'indignité du diffamateur la rend méprisable. Dans l'un et l'autre cas elle relève de l'opinion et non des lois. Il est vrai que c'est beaucoup l'usage, en ce temps-ci, de diffamer les honnêtes gens. Mais dans l'état de banalité et d'avilissement où cette espèce de diffamation est tombée, si elle gardait encore quelque force, ce serait parce qu'elle est suivie de sanctions pénales. Sans cette suite et ce cortège, elle tombe misérablement. C'est la peine dont vous la frappez qui la relève. Car enfin si mon diffamateur brave la prison, c'est un gaillard. Ce serait un héros s'il y jouait sa vie. Ne risquant rien, c'est un polisson. Sans compter que sa voix grêle, un procès la grossit, et que les juges, en punissant l'injure, la publient. Un des plus absurdes et des plus constants préjugés de l'animal humain est de croire à l'efficacité des châtiments, qui, la plupart du temps, ne servent à rien, puisque la société subsiste et prospère après qu'ils sont diminués ou supprimés. Pour ma part je crois fermement que le journaliste qui m'a appelé intellectuel croupi, protestant antifrançais et sale juif prussien ne mérite ni la prison ni l'amende et qu'il est un innocent.

Tirant M. Bergeret par la manche, Jumage le pressa d'entendre ces paroles émues :

— Écoute-moi, Lucien ; je n'ai aucune de tes idées sur l'Affaire. J'ai blâmé ta conduite, je la blâme encore. Mais je tiens à te déclarer que je réprouve énergiquement les procédés de polémique dont certains journaux usent à ton égard. Et, si j'ai un reproche à te faire, c'est de ne pas les blâmer toi-même avec la même vigueur. Ton indulgence est immorale. Permets-moi de te dire que je ne la conçois guère chez un membre de la ligue des *Immortels Principes*. La déclaration de 1791, invoquée par cette ligue, porte précisément que la libre communication des pensées et des opinions est un des droits les plus précieux de l'homme, et que tout citoyen peut donc parler, écrire, imprimer librement, sauf à répondre de cette liberté dans les cas déterminés par la loi… Sauf à répondre de l'abus, tu entends. L'outrage est un de ces cas. L'auteur en doit répondre. Tu ne peux pas sortir de là.

— Je n'y entrerai point, répondit M. Bergeret. C'est de la métaphysique. Je reste dans la réalité des choses. En fait, il n'est pas si facile que le croyaient les législateurs de 1791 de distinguer l'abus de l'usage, et pour nous en tenir au point que nous examinons, de marquer la limite qui sépare la sévérité de l'outrage, la critique de l'offense. Il est plus malaisé encore de peser les intentions de l'écrivain. Nous avons vu, sous la présidence d'un ministre laboureur, un généreux appel à la justice et à l'humanité poursuivi comme un crime. Et dans le même temps il était permis d'insulter à l'innocence et d'offenser la vérité. Cette dame nue fut mal protégée par les lois durant dix-huit mois environ. Un tel exemple, précédé de beaucoup d'autres, me confirme dans l'idée qu'il vaut mieux ne poursuivre personne pour du papier noirci.

Les délits de pensée sont indéfinissables. Il leur manque ainsi la qualité essentielle à tout délit. Celui que la proposition Joseph Fabre prétend restaurer, la diffamation d'État, échappe notamment à toute définition. Il est périlleux d'en saisir les juges correctionnels, qui ne le reconnaîtraient qu'à des signes incertains. Ils le puniraient cependant ; et ce serait une peine faible et vaine. Lors de la Renaissance, dès que se répandirent dans les pays d'Europe ces petites presses à bras et ces pauvres casses de lettres mobiles qui faisaient la charge d'un âne et qui devaient changer le monde, tous les princes armèrent des lois contre l'imprimerie naissante. En France, sous François Ier et sous Henri II, quiconque publiait un écrit sans avoir préalablement obtenu l'approbation de la Sorbonne était puni de mort. On y pendit à force les colporteurs de Genève, coupables de vendre des prières calvinistes dans les campagnes. En 1618, alors que Luynes, « qui n'avait jamais entendu parler d'affaires ni vu autre chose que des chiens et des oiseaux », gouvernait le royaume, le poète

Durant, pour avoir fait un livre, fut rompu vif en grève, avec deux de ses complices.

Le dix-septième siècle, que nous croyons poli parce qu'on y dessinait des jardins et qu'on y composait des pièces de théâtre, des oraisons funèbres et des fables, ne le céda guère en barbarie aux âges précédents. En 1694, l'année même où l'évêque Bossuet, dans ses *Maximes sur la Comédie*, traitait Corneille d'entremetteur et Molière d'histrion, les imprimeurs Rambaud et Larcher furent pendus pour avoir publié un libelle intitulé *l'Ombre de Scarron*, où le roi était traité sans respect.

Le supplice des pauvres colporteurs genevois n'empêcha pas les progrès de la Réforme. La mort de deux malheureux imprimeurs n'épargna pas à Louis XIV une vieillesse exécrée et funeste. La cruauté des arrêts de justice n'arrêta pas les progrès de l'esprit public. Avec le dix-huitième siècle se leva l'aurore de la douceur humaine. Les lois suivirent, en boitant et en rechignant, les préceptes des philosophes. Aux époques troublées, dans les jours de violence, il y eut de brusques retours au passé.

Les législateurs de l'an IV tentèrent de défendre la liberté comme les Parlements défendaient la monarchie et l'Église. La loi du 27 germinal punit de mort la provocation à la dissolution du gouvernement et au rétablissement de la royauté. Cette loi furieuse ne sauva pas la République.

Et vous croyez aujourd'hui que la menace de six mois de prison et de cinq cents francs d'amende empêchera ce que n'ont pu empêcher la corde et la roue, et plus tard la guillotine ! Et vous croyez à l'efficacité de vos peines dégénérées !

La liberté seule est efficace, si elle est pleine et entière. Elle seule est bonne et salutaire.

Vous la devez à la presse, non pas seulement à la presse qui la mérite par sa prudence, mais à la presse telle qu'elle est, sage ou folle. Vous la devez à la presse, parce que la presse exprime la pensée de la nation entière, et qu'elle est et doit être, comme cette pensée même, diverse, confuse, contradictoire, juste, injuste, sage, absurde, violente, magnanime ; parce qu'elle est la conscience de la foule obscure des citoyens comme de l'élite des intelligences, et le miroir où chacun, se voyant au milieu de tous, se compare et se juge ; parce qu'il est indispensable qu'elle dise tout ce qui se croit ou se pense confusément autour de nous, en sorte que le vrai et le faux se trouvent amenés à la lumière dans la même proportion où ils sont au fond des esprits ; parce que ses faiblesses et ses hontes, son ignorance brutale, ses préjugés stupides lui viennent de la communauté, tandis qu'elle possède en propre cette force et cette vertu attachées à la parole humaine ; parce que, tant bien que mal, elle pense, et que la pensée, à la longue, s'ordonne d'elle-même selon des lois supérieures, qu'on ne peut transgresser, et produit la conciliation des contraires ; parce qu'elle apporte des faits et donne des raisons, et que si les faits qu'elle apporte sont faux, elle les anéantit dès qu'elle les expose, et que ses raisons, fussent-elles les pires de toutes, impliquent la reconnaissance de la raison souveraine ; parce qu'elle ne peut ni se tromper ni mentir sans mettre à découvert le mensonge et l'erreur, et qu'ainsi, de gré ou de force, elle travaille, en définitive, à l'établissement de la vérité ; parce que ses discussions ardentes, partiales, et même injurieuses ou ineptes, se substituant à la violence matérielle, annoncent l'adoucissement des mœurs et y contribuent ; parce que, étant l'idée, elle doit rester indépendante du fait, étant la pensée, elle doit dominer tout acte, étant la force morale, elle doit être soustraite à la force matérielle.

Et remarque, poursuivit M. Bergeret, que la presse, quand elle est libre, est faible pour le mal et forte pour le bien. C'est à la liberté de la presse que nous devons le triomphe récent d'une juste cause. Quand une petite poignée d'hommes intelligents et généreux dénoncèrent, pour l'honneur de la France, la condamnation frauduleuse d'un innocent, ils furent traités en ennemis par le gouvernement et par l'opinion. Ils parlèrent cependant. Et par la parole ils furent les plus forts. Le gros des feuilles travaillait contre eux, avec quelle ardeur ! tu le sais. Mais elles servirent la vérité malgré elles, et, en publiant des pièces fausses, permirent d'en établir la fausseté. Les mensonges se détruisirent les uns par les autres. L'erreur éparse ne put rejoindre ses tronçons dispersés. Finalement il ne subsista que ce qui avait de la suite et de la continuité. La vérité possède une force d'enchaînement que l'erreur n'a pas. Elle forma, devant l'injure et la haine impuissantes, une chaîne que rien ne peut plus rompre. Mais, pour accomplir ce travail heureux, il fallait une presse libre. Nous l'avons eue, grâce à la République, malgré la mauvaise foi et la tracasserie. Nous l'avons eue, et la vérité a été servie dans la presse par ses ennemis presque autant que par ses amis.

Et M. Bergeret, ayant ainsi parlé, prit dans ses mains le journal que lui avait apporté Jumage, parcourut d'un regard tranquille l'article qui commençait par ces mots : *Un vulgaire pion dreyfusard, l'intellectuel Bergeret, qui croupissait en province…*

Puis il dit avec douceur et gravité :

— Ces douze lignes, ces douze lignes qui, par elles-mêmes sont de vil prix, je les tiens pour intangibles et sacrées, parce que, dénuées de pensée, elles ont du moins été tracées avec les signes de la pensée, avec ces caractères d'imprimerie, ces saintes petites lettres de plomb qui ont porté le droit et la raison par le monde.

1. ↑ Extrait de *Monsieur Bergeret à Paris,* chap. XIV. (Note Wikisource).

LA JUSTICE CIVILE ET MILITAIRE

I

— Notre esprit, dit mon bon maître, est ainsi fait que rien ne le trouble ni ne le blesse de ce qui est ordinaire et coutumier. Et l'usage use, si je puis dire, notre indignation, aussi bien que notre émerveillement. Je m'éveille chaque matin, sans songer, je l'avoue, aux malheureux qui seront pendus ou roués pendant le jour. Mais quand l'idée du supplice m'est rendue plus sensible, mon cœur se trouble, et pour avoir vu cette belle fille conduite à la mort, ma gorge se serre au point que ce petit poisson n'y saurait entrer.

— Qu'est-ce qu'une belle fille ? dit l'huissier. Il n'est pas de rue à Paris où, dans une nuit, on n'en fasse à la douzaine. Pourquoi celle-ci avait-elle volé sa maîtresse, madame la conseillère Josse ?

— Je n'en sais rien, monsieur, répondit gravement mon bon maître ; vous n'en savez rien, et les juges qui l'ont condamnée n'en savaient pas davantage, car les raisons de nos actions sont obscures et les ressorts qui nous font agir demeurent profondément cachés. Je tiens l'homme pour libre de ses actes, puisque ma religion l'enseigne ; mais, hors la doctrine de l'Église, qui est certaine, il y a si peu de raison de croire à la liberté humaine, que je frémis en songeant aux arrêts de la justice qui punit des actions dont le principe, l'ordre et les causes nous échappent également, où la volonté a souvent peu de part, et qui sont parfois accomplies sans connaissance…

— Je vois avec peine, monsieur, dit le petit homme noir, que vous êtes du parti des fripons.

— Hélas ! monsieur, dit mon bon maître, ils sont une part de l'humanité souffrante, et membres, comme nous, de Jésus-Christ, qui mourut entre deux larrons. Je crois apercevoir dans nos lois des cruautés qui paraîtront distinctement dans l'avenir, et dont nos arrière-neveux s'indigneront.

— Je ne vous entends pas, monsieur, dit l'autre en buvant un petit coup de vin. Toutes les barbaries gothiques ont été retranchées de nos lois et coutumes, et la justice est aujourd'hui d'une politesse et d'une humanité excessives. Les peines sont exactement proportionnées aux crimes et vous voyez que les voleurs sont pendus, les meurtriers roués, les criminels de lèse-majesté tirés à quatre chevaux, les athées, les sorciers et les sodomites brûlés, les faux monnayeurs bouillis, en quoi la justice criminelle marque une extrême modération et toute la douceur possible.

— Monsieur, de tout temps les juges se sont estimés bienveillants, équitables et doux. Aux âges gothiques de Saint Louis et même de Charlemagne, ils admiraient leur propre bénignité, qui nous semble rudesse aujourd'hui ; je devine que nos fils nous jugeront rudes à leur tour, et qu'ils trouveront encore quelque chose à retrancher sur les tortures et sur les supplices dont nous usons.

— Monsieur, vous ne parlez pas comme un magistrat. La torture est nécessaire pour tirer les aveux qu'on n'obtiendrait point par la douceur. Quant aux peines, elles sont réduites à ce qui est nécessaire pour assurer la vie et les biens des citoyens.

— Vous convenez donc, monsieur, que la justice a pour objet, non le juste, mais l'utile, et qu'elle s'inspire seulement des intérêts et des préjugés des peuples. Rien n'est plus vrai, et les fautes sont punies non point en proportion de la malignité qui y est attachée, mais en vue du dommage qu'elles causent ou qu'on croit qu'elles causent à la société. C'est ainsi que les faux monnayeurs sont mis dans une chaudière d'eau bouillante, bien qu'il y ait en réalité peu de malice à frapper des écus. Mais les financiers en particulier et le public y éprouvent un dommage sensible. C'est ce dommage dont ils se vengent avec une impitoyable cruauté ! Les voleurs sont pendus, moins pour la perversité qu'il y a à prendre un pain ou des hardes, laquelle est excessivement petite, qu'à cause de l'attachement naturel des hommes à leur bien. Il convient de ramener la justice humaine à son véritable principe qui est l'intérêt matériel des citoyens et de la dégager de toute la haute philosophie dont elle s'enveloppe avec une pompeuse et vaine hypocrisie.

— Monsieur, répliqua le petit huissier, je ne vous conçois pas. Il me semble que la justice est d'autant plus équitable qu'elle est plus utile, et que cette utilité même, qui vous fait la mépriser, vous la devrait rendre auguste et sacrée.

— Vous ne m'entendez point, dit mon bon maître.

— Monsieur, dit le petit huissier, j'observe que vous ne buvez point. Votre vin est bon, si j'en juge à la couleur. N'y pourrai-je goûter ?

Il est vrai que mon bon maître, pour la première fois de sa vie, laissait du vin au fond de la bouteille. Il le versa dans le verre du petit huissier.

— À votre santé, monsieur l'abbé, dit le petit huissier. Votre vin est bon, mais vos raisonnements ne valent rien. La justice, je le répète, est d'autant plus équitable qu'elle est plus utile, et cette utilité même que vous dites être dans son origine et dans son principe, vous la devrait rendre auguste et sacrée. Mais il vous faut convenir encore que l'essence même de la justice, est le juste, ainsi que le mot l'indique.

— Monsieur, dit mon bon maître, quand nous aurons dit que la beauté est belle, la vérité vraie et la justice juste, nous n'aurons rien dit du tout. Votre Ulpien, qui s'exprimait avec précision, a proclamé que la justice est la ferme et perpétuelle volonté d'attribuer à chacun ce qui lui appartient, et que les lois sont justes quand elles sanctionnent cette volonté. Le malheur est que les hommes n'ont rien en propre et qu'ainsi l'équité des lois ne va qu'à leur garantir le fruit de leurs rapines héréditaires ou nouvelles. Elles ressemblent à ces conventions des enfants qui, après qu'ils ont gagné des billes, disent à ceux qui veulent les leur reprendre : « Ce n'est plus de jeu. » La sagacité des juges se borne à discerner les usurpations qui ne sont pas de jeu d'avec celles dont on était convenu en engageant la partie, et cette distinction est à la fois délicate et puérile. Elle est surtout arbitraire. La grande fille qui, dans ce moment même, pend au bout d'une corde de chanvre, avait, dites-vous, volé à madame la conseillère Josse une coiffe de dentelle. Mais sur quoi établissez-vous que cette coiffe appartenait à madame la conseillère Josse ? Vous me direz qu'elle l'avait ou achetée de ses deniers ou trouvée dans son coffre de mariage, ou reçue de quelque galant, tous bons moyens d'acquérir des dentelles. Mais de quelque façon qu'elle les eût acquises, je vois seulement qu'elle en jouissait comme d'un de ces biens de fortune qu'on trouve et qu'on perd d'aventure et sur lesquels on n'a point de droit naturel. Pourtant je consens que les barbes lui appartenaient, conformément aux règles de ce jeu de la propriété que jouent les hommes en société comme les pauvres enfants à la marelle. Elle tenait à ces barbes et, dans le fait, elle n'y avait pas moins de droits qu'un autre, je le veux bien. La justice était de les lui rendre, sans les mettre à si haut prix que de détruire, pour deux méchantes barbes de point d'Alençon, une créature humaine…

… Quant à punir les voleurs, c'est un droit issu de la force et non de la philosophie. La philosophie nous enseigne au contraire que tout ce que nous possédons est acquis par violence ou par ruse. Et vous voyez aussi que les juges approuvent qu'on nous dépouille de nos biens quand le ravisseur est puissant. C'est ainsi qu'on permet au roi de nous prendre notre vaisselle d'argent pour faire la guerre, comme il s'est vu sous Louis le Grand, alors que les réquisitions furent si exactes qu'on enleva jusqu'aux crépines des lits, pour en tirer l'or tissu dans la soie. Ce prince mit la main sur les biens des particuliers et sur les trésors des églises, et, voilà vingt ans, faisant mes dévotions à Notre-Dame-de-Liesse, en Picardie, j'ouïs les doléances d'un vieux sacristain qui déplorait que le feu roi eût enlevé et fait fondre tout le trésor de l'église, et ravi même le sein d'or émaillé déposé jadis en grande pompe par madame la princesse Palatine, après qu'elle eut été guérie miraculeusement d'un cancer. La justice seconda le prince dans ses réquisitions et punit sévèrement ceux qui dérobaient quelque pièce aux commissaires du roi. C'est donc qu'elle n'estimait pas que ces biens fussent si attachés aux personnes qu'on ne pût les en séparer.

— Monsieur, dit le petit huissier, les commissaires agissaient au nom du roi qui, possédant tous les biens du royaume, en peut disposer à son gré pour la guerre ou pour les bâtiments ou de toute autre manière.

— Il est vrai, dit mon bon maître, et cela a été mis dans les règles du jeu. Les juges y vont comme à l'Oie, en regardant ce qui est écrit sur le tableau. Les droits du prince, soutenus par les Suisses et par toutes sortes de soldats, y sont écrits. Et la pauvre pendue n'avait pas de gardes suisses pour faire mettre sur le tableau du jeu qu'elle avait droit de porter les dentelles de madame la conseillère Josse. Cela est parfaitement exact.

— Monsieur, dit le petit huissier, vous ne comparez point, je pense, Louis le Grand, qui prit la vaisselle de ses sujets pour payer des soldats, et cette créature qui vola une coiffe pour s'en parer.

— Monsieur, dit mon bon maître, il est moins innocent de faire la guerre que d'aller à Ramponneau avec une coiffe de dentelle. Mais la justice assure à chacun ce qui lui appartient, selon les règles de ce jeu de société qui est le plus inique, le plus absurde et le moins divertissant des jeux…

… La plus cruelle offense qu'on ait pu faire à Notre-Seigneur Jésus-Christ est de mettre son image dans les prétoires où les juges absolvent les pharisiens qui l'ont crucifié et condamnent la Madeleine qu'il releva de ses mains divines. Que fait-il, le juste, parmi ces hommes qui ne pourraient pas se montrer justes, même s'ils le voulaient, puisque leur triste devoir est de considérer les actions de leurs semblables non en elles-mêmes et dans leur essence, mais au seul point de vue de l'intérêt social, c'est-à-dire en raison de cet amas d'égoïsme, d'avarice, d'erreurs et d'abus qui forme les cités, et dont ils sont les aveugles conservateurs ? En pesant la faute, ils y ajoutent le poids de la peur ou de la colère qu'elle inspira au lâche public. Et tout cela est écrit dans leur livre, en sorte que le texte antique et la lettre morte leur servent d'esprit, de cœur et d'âme vivante. Et toutes ces dispositions, dont quelques-unes remontent aux âges infâmes de Byzance et de Théodora, s'accordent seulement sur ce point qu'il faut tout sauver, vertus et vices, d'un monde qui ne veut pas changer. La faute aux yeux des lois est si peu de chose en soi, et les circonstances extérieures en sont si considérables, qu'un même acte, légitime dans telle condition, devient impardonnable dans telle autre, comme il se voit par l'exemple d'un soufflet qui, donné par un homme sur la joue d'un autre, paraît seulement chez un bourgeois l'effet d'une humeur irascible et devient, pour un soldat, un crime puni de mort. Cette barbarie, qui subsiste encore, fera de nous l'opprobre des siècles futurs. Nous n'y prenons pas garde ; mais on se demandera un jour quels sauvages nous étions pour punir du dernier supplice l'ardeur généreuse du sang quand elle jaillit du cœur d'un jeune homme assujetti par les lois aux périls de la guerre et aux dégoûts de la caserne. Et il est clair que s'il y avait une justice, nous n'aurions pas deux codes, l'un militaire, l'autre civil. Ces justices soldatesques, dont on voit tous les jours les effets, sont d'une cruauté atroce, et les hommes, s'ils se policent jamais, ne voudront pas croire qu'il fut jadis, en pleine paix, des conseils de guerre vengeant par la mort d'un homme la majesté des caporaux et des sergents…

... Les juges ne sondent point les reins et ne lisent point dans les cœurs ; aussi leur plus juste justice est-elle rude et superficielle. Encore s'en faut-il de beaucoup qu'ils s'en tiennent à cette grossière écorce d'équité, sur laquelle les codes sont écrits. Ils sont hommes, c'est-à-dire faibles et corruptibles, doux aux forts et impitoyables aux petits. Ils consacrent par leurs sentences les plus cruelles iniquités sociales, et il est malaisé de distinguer dans cette partialité ce qui vient de leur bassesse personnelle, de ce qui leur est imposé par le devoir de leur profession, qui est, en réalité, de soutenir l'État dans ce qu'il a de mauvais autant que dans ce qu'il a de bon, de veiller à la conservation des mœurs publiques, ou excellentes ou détestables, et d'assurer, avec les droits des citoyens, les volontés tyranniques du prince, sans parler des préjugés ridicules et cruels qui trouvent sous les fleurs de lys un asile inviolable. Le magistrat le plus austère peut être amené, par son intégrité même, à rendre des arrêts aussi révoltants et peut-être plus inhumains encore que ceux du magistrat prévaricateur, et je ne sais, pour ma part, qui des deux je redouterais le plus, ou du juge qui s'est fait une âme avec des textes de loi, ou de celui qui emploie un reste de sentiment à torturer ces textes. Celui-ci me sacrifiera à son intérêt ou à ses passions ; l'autre m'immolera froidement à la chose écrite. Encore faut-il observer que le magistrat est défenseur, par fonction, non pas des préjugés nouveaux, auxquels nous sommes tous plus ou moins soumis, mais des préjugés anciens qui sont conservés dans les lois alors qu'ils s'effacent de nos âmes et de nos mœurs. Et il n'est pas d'esprit quelque peu méditatif et libre qui ne sente tout ce qu'il y a de gothique dans la loi, tandis que le juge n'a pas le droit de le sentir.

Mais je parle comme si les lois, encore que barbares et grossières, étaient du moins claires et précises. Et il s'en faut de beaucoup qu'il en soit ainsi. Le grimoire d'un sorcier semble facile à comprendre en comparaison de plusieurs articles de nos codes et de nos coutumiers. Ces difficultés d'interprétation ont beaucoup contribué à faire établir divers degrés de juridiction, et l'on admet que, ce que le bailli n'a pas entendu, messieurs du Parlement l'éclairciront. C'est beaucoup attendre de cinq hommes en robe rouge et en bonnet carré, qui, même après avoir récité le *Veni Creator*, demeurent sujets à l'erreur ; et il vaut mieux convenir que la plus haute juridiction juge sans appel pour cette seule raison qu'on avait épuisé les autres avant de recourir à celle-là. Le prince est de cet avis : car il a des lits de justice au-dessus des Parlements…

Mon bon maître regarda tristement couler l'eau comme l'image de ce monde où tout passe et rien ne change.

Il demeura quelque temps songeur et reprit d'une voix plus basse :

— Cela, seul, mon fils, me cause un insurmontable embarras, qu'il faille que ce soit les juges qui rendent la justice. Il est clair qu'ils ont intérêt à déclarer coupable celui qu'ils ont d'abord soupçonné. L'esprit de corps, si puissant chez eux, les y porte ; aussi voit-on que, dans toute leur procédure, ils écartent la défense comme une importune, et ne lui donnent accès que lorsque l'accusation a revêtu ses armes et composé son visage, et qu'enfin, à force d'artifices, elle a pris l'air d'une belle Minerve. Par l'esprit même de leur profession, ils sont enclins à voir un coupable dans tout accusé, et leur zèle semble si effrayant à certains peuples européens qu'ils les font assister, dans les grandes causes, par une dizaine de citoyens tirés au sort. En quoi il apparaît que le hasard, dans son aveuglement, garantit mieux la vie et la liberté des accusés que ne le peut faire la conscience éclairée des juges. Il est vrai que ces magistrats bourgeois, tirés à la loterie, sont tenus en dehors de l'affaire dont ils voient seulement les pompes extérieures. Il est vrai encore que, ignorant les lois, ils sont appelés, non à les appliquer, mais seulement à décider d'un seul mot s'il y a lieu de les appliquer. On dit que ces sortes d'assises donnent parfois des résultats absurdes, mais que les peuples qui les ont établies y sont attachés comme à une espèce de garantie très précieuse. Je le crois volontiers. Et je conçois qu'on accepte des arrêts rendus de la sorte, qui peuvent être ineptes ou cruels, mais dont l'absurdité du moins et la barbarie ne sont pour ainsi dire imputables à personne. L'iniquité semble tolérable quand elle est assez incohérente pour paraître involontaire.

Ce petit huissier, qui a un si grand sentiment de la justice, me soupçonnait d'être du parti des voleurs et des assassins. Au rebours, je réprouve à ce point le vol et l'assassinat, que je n'en puis souffrir même la copie régularisée par les lois, et il m'est pénible de voir que les juges n'ont rien trouvé de mieux, pour châtier les larrons et les homicides, que de les imiter ; car, de bonne foi, Tournebroche, mon fils, qu'est-ce que l'amende et la peine de mort, sinon le vol et l'assassinat perpétrés avec une auguste exactitude ? Et ne voyez-vous point que notre justice ne tend, dans toute sa superbe, qu'à cette honte de venger un mal par un mal, une misère par une misère, et de doubler, pour l'équilibre et la symétrie, les délits et les crimes ? On peut dépenser dans cette tâche une sorte de probité et de désintéressement. On peut s'y montrer un l'Hospital tout aussi bien qu'un Jeffryes, et je connais pour ma part un magistrat assez honnête homme. Mais j'ai voulu, remontant aux principes, montrer le caractère véritable d'une institution que l'orgueil des juges et l'épouvante des peuples ont revêtue à l'envi d'une majesté empruntée. J'ai voulu montrer l'humilité originelle de ces codes qu'on veut rendre augustes et qui ne sont en réalité qu'un amas bizarre d'expédients.

Hélas ! les lois sont de l'homme ; c'est une obscure et misérable origine. L'occasion les fit naître pour la plupart. L'ignorance, la superstition, l'orgueil du prince, l'intérêt du législateur, le caprice, la fantaisie, voilà la source de ces grands corps de droit qui deviennent vénérables quand ils commencent à n'être plus intelligibles. L'obscurité qui les enveloppe, épaissie par les commentateurs, leur communique la majesté des oracles antiques. J'entends dire à chaque instant, et je lis tous les jours dans les gazettes, que maintenant nous faisons des lois de circonstance et d'occasion. Cette vue appartient à des myopes qui ne découvrent pas que c'est la suite d'un usage immémorial et que, de tout temps, les lois sont sorties de quelque hasard. On se plaint aussi de l'obscurité et des contradictions où tombent sans cesse nos législateurs contemporains. Et l'on ne remarque pas que leurs prédécesseurs étaient tout aussi épais et embrouillés.

En fait, Tournebroche, mon fils, les lois sont bonnes ou mauvaises moins par elles-mêmes que par la façon dont on les applique, et telle disposition très inique ne fait pas de mal si le juge ne la met point en vigueur. Les mœurs ont plus de force que les lois. La politesse des habitudes, la douceur des esprits sont les seuls remèdes qu'on puisse raisonnablement apporter à la barbarie légale. Car de corriger les lois par les lois, c'est prendre une voie lente et incertaine. Les siècles seuls défont l'œuvre des siècles.

II

— Il faut reconnaître, dit M. de Terremondre, que, dans son genre, la prison de notre ville est quelque chose d'admirable, avec ses cellules blanches, si propres, rayonnant toutes d'un observatoire central, et si ingénieusement disposées qu'on y est toujours en vue, sans jamais rien voir. Il n'y a pas à dire, c'est bien compris, c'est moderne, c'est au niveau du progrès. L'année dernière, comme je faisais une promenade dans le Maroc, je vis à

Tanger, dans une cour ombragée d'un mûrier, une méchante bâtisse de boue et de plâtre devant laquelle un grand nègre en guenilles sommeillait. Étant soldat, il avait pour arme un bâton. Par les fenêtres étroites de la bâtisse passaient des bras basanés, qui tendaient des paniers d'osier. C'étaient les prisonniers qui, de leur prison, offraient aux passants, contre une pièce de cuivre, le produit de leur travail indolent. Leur voix gutturale modulait des prières et des plaintes que coupaient brusquement des imprécations et des cris de fureur. Car, enfermés pêle-mêle dans la vaste salle, ils se disputaient les ouvertures, voulant tous y passer leurs corbeilles. La querelle trop vive tira de son assoupissement le soldat noir qui, à coups de bâton, fit rentrer dans le mur les paniers avec les mains suppliantes. Mais bientôt d'autres mains reparurent, brunes et tatouées de bleu comme les premières. J'eus la curiosité de regarder par les fentes d'une vieille porte de bois l'intérieur de la prison. Je vis dans l'ombre une foule déguenillée, éparse sur la terre humide, des corps de bronze couchés parmi des loques rouges, des faces graves portant sous le turban des barbes vénérables, des moricauds agiles tressant en riant des corbeilles. On découvrait çà et là, sur les jambes enflées, des linges souillés, cachant mal les plaies et les ulcères ; et l'on voyait, l'on entendait ondoyer et bruire la vermine. Parfois passaient des rires. Une poule noire piquait du bec le sol fangeux. Le soldat me laissait observer les prisonniers tout à loisir, épiant mon départ pour tendre la main. Alors, je songeai au directeur de notre belle prison départementale. Et je me dis : « Si M. Ossian Colot venait à Tanger, il la reconnaîtrait et il la flétrirait, la promiscuité, l'odieuse promiscuité. »

— Au tableau que vous faites, répliqua M. Bergeret, je reconnais la barbarie. Elle est moins cruelle que la civilisation. Les prisonniers musulmans ne souffrent que de l'indifférence et parfois de la férocité de leurs gardiens. Du moins n'ont-ils rien à redouter des philanthropes. Leur vie est supportable, puisqu'on ne leur inflige pas le régime cellulaire. Toute prison est douce, comparée à la cellule inventée par nos savants criminalistes.

» Il y a, poursuivit M. Bergeret, une férocité particulière aux peuples civilisés, qui passe en cruauté l'imagination des barbares. Un criminaliste est bien plus méchant qu'un sauvage, un philanthrope invente des supplices inconnus à la Perse et à la Chine. Le bourreau persan fait mourir de faim les prisonniers. Il fallait un philanthrope pour imaginer de les faire mourir de solitude. C'est là précisément en quoi consiste le supplice de la prison cellulaire. Il est incomparable pour la durée et l'atrocité. Le patient, par bonheur, en devient fou, et la démence lui ôte le sentiment de ses tortures. On croit justifier cette abomination en alléguant qu'il fallait soustraire le condamné aux mauvaises influences de ses pareils et le mettre hors d'état d'accomplir des actes immoraux ou criminels. Ceux qui raisonnent ainsi sont trop bêtes pour qu'on affirme qu'ils sont hypocrites.

— Vous avez raison, dit M. Mazure. Mais ne soyons pas injustes envers notre temps. La Révolution, qui a su accomplir la réforme judiciaire, a beaucoup amélioré le sort des prisonniers. Les cachots de l'ancien régime étaient, pour la plupart, infects et noirs.

— Il est vrai, répliqua M. Bergeret, que de tout temps les hommes ont été méchants et cruels, et qu'ils ont toujours pris plaisir à tourmenter les malheureux. Du moins, avant qu'il y eût des philanthropes, ne torturait-on les hommes que par un simple sentiment de haine et de vengeance, et non dans l'intérêt de leurs mœurs.

III

— J'ai appris ce matin à la préfecture, dit M. Frémont, qu'on coupait une tête dans notre ville. Tout le monde en parle.

— On a si peu de distractions en province ! dit M. de Terremondre.

— Mais celle-là, dit M. Bergeret, est dégoûtante. On tue légalement dans l'ombre. Pourquoi le faire encore, puisqu'on en a honte ? Le président Grévy, qui était fort intelligent, avait aboli virtuellement la peine de mort, en ne l'appliquant jamais. Que ses successeurs n'ont-ils imité son exemple ! La sécurité des individus dans les sociétés modernes ne repose pas sur la terreur des supplices. La peine de mort est abolie dans plusieurs nations de l'Europe, sans qu'il s'y commette plus de crimes que dans les pays où subsiste cette ignoble pratique. Là même où cette coutume dure encore, elle languit et s'affaiblit. Elle n'a plus ni force ni vertu. C'est une laideur inutile. Elle survit à son principe. Les idées de justice et de droit, qui jadis faisaient tomber les têtes avec majesté, sont bien ébranlées maintenant par la morale issue des sciences naturelles. Et puisque visiblement la peine de mort se meurt, la sagesse est de la laisser mourir.

— Vous avez raison, dit M. Frémont. La peine de mort est devenue une pratique intolérable, depuis qu'on n'y attache plus l'idée d'expiation, qui est toute théologique.

— Le Président aurait bien fait grâce, dit Léon avec importance. Mais le crime était trop horrible.

— Le droit de grâce, dit M. Bergeret, était un des attributs du droit divin. Le roi ne l'exerçait que parce qu'il était au-dessus de la justice humaine comme représentant de Dieu sur la terre. Ce droit, en passant du roi au président de la République, a perdu son caractère essentiel et sa légitimité. Il constitue désormais une magistrature en l'air, une fonction judiciaire en dehors de la justice et non plus au-dessus ; il institue une juridiction arbitraire, inconnue au législateur. L'usage en est bon, puisqu'il sauve des malheureux. Mais prenez garde qu'il est devenu absurde. La miséricorde du roi était la miséricorde de Dieu même. Conçoit-on M. Félix Faure investi des attributs de la divinité ? M. Thiers, qui ne se croyait pas l'oint du Seigneur, et qui, de fait, n'avait pas été sacré à Reims, se déchargea du droit de grâce sur une commission qui avait mandat d'être miséricordieuse pour lui.

— Elle le fut médiocrement, dit M. Frémont…

— Des restes de barbarie traînent encore, dit M. Bergeret, dans la civilisation moderne. Notre code de justice militaire, par exemple, nous rendra odieux à un prochain avenir. Ce code a été fait pour ces troupes de brigands armés qui désolaient l'Europe au xviiie siècle. Il fut conservé par la République de 92, et systématisé dans la première moitié de ce siècle. Après avoir substitué la nation à l'armée, on a oublié de le changer. On ne saurait penser à tout. Ces lois atroces, faites pour des pandours, on les applique aujourd'hui à de jeunes paysans effarés, à des enfants des villes qu'il serait facile de conduire avec douceur. Et cela semble naturel !

— Je ne vous comprends pas, dit M. de Terremondre. Notre code militaire, préparé, je crois, sous la Restauration, date seulement du second Empire. Aux environs de 1875, il a été remanié et mis d'accord avec l'organisation nouvelle de l'armée. Vous ne pouvez donc pas dire qu'il est fait pour les armées de l'ancien régime.

— Je le puis dire parfaitement, répondit M. Bergeret, puisque ce code n'est qu'une compilation des ordonnances concernant les armées de Louis XIV et de Louis XV. On sait ce qu'étaient ces armées, ramas de racoleurs et de racolés, chiourme de terre, divisée en lots qu'achetaient de jeunes nobles, parfois des enfants. On maintenait l'obéissance de ces troupes par de perpétuelles menaces de mort. Tout est changé ; les militaires de la monarchie et des deux Empires ont fait place à une énorme et placide garde nationale. Il n'y a plus à craindre ni mutineries ni violences.

Pourtant la mort à tout propos menace ces doux troupeaux de paysans et d'artisans, mal habillés en soldats. Le contraste de ces mœurs bénignes et de ces lois féroces est presque risible. Et, si l'on y réfléchissait, on trouverait qu'il est aussi grotesque qu'odieux de punir de mort des attentats dont on aurait facilement raison par le léger appareil des peines de simple police.

— Mais, dit M. de Terremondre, les soldats d'aujourd'hui ont des armes comme les soldats d'autrefois. Et il faut bien que des officiers, en petit nombre et désarmés, s'assurent l'obéissance et le respect d'une multitude d'hommes portant des fusils et des cartouches. Tout est là.

— C'est un vieux préjugé, dit M. Bergeret, que de croire à la nécessité des peines et d'estimer que les plus fortes sont les plus efficaces. La peine de mort pour voie de fait envers un supérieur vient du temps où les officiers n'étaient pas du même sang que les soldats…

IV

Il y a environ dix ans, peut-être plus, peut-être moins, je visitai une prison de femmes. C'était un ancien château construit sous Henri IV et dont les hauts toits d'ardoise dominaient une sombre petite ville du Midi, au bord d'un fleuve. Le directeur de cette prison paraissait toucher à l'âge de la retraite ; il portait une perruque noire et une barbe blanche. C'était un directeur extraordinaire. Il pensait par lui-même et avait des sentiments humains. Il ne se faisait pas d'illusions sur la moralité de ses trois cents pensionnaires, mais il n'estimait pas qu'elle fût bien au-dessous de la moralité de trois cents femmes prises au hasard dans une ville.

— Il y a de tout ici comme ailleurs, semblait-il me dire de son regard doux et las.

Quand nous traversâmes la cour, une longue file de détenues achevait la promenade silencieuse et regagnait les ateliers. Il y avait beaucoup de vieilles, l'air brut et sournois. Mon ami, le docteur Cabane, qui nous accompagnait, me fit remarquer que presque toutes ces femmes avaient des tares caractéristiques, que le strabisme était fréquent parmi elles, que c'était des dégénérées, et qu'il s'en trouvait bien peu qui ne fussent marquées des stigmates du crime, ou tout au moins du délit.

Le directeur secoua lentement la tête. Je vis bien qu'il n'était guère accessible aux théories des médecins criminalistes et qu'il demeurait persuadé que dans notre société les coupables ne sont pas toujours très différents des innocents.

Il nous mena dans les ateliers. Nous vîmes les boulangères, les blanchisseuses, les lingères à l'ouvrage. Le travail et la propreté mettaient là presque un peu de joie. Le directeur traitait toutes ces femmes avec bonté. Les plus stupides et les plus méchantes ne lui faisaient pas perdre sa patience ni sa bienveillance. Il estimait qu'on doit passer bien des choses aux personnes avec lesquelles on vit, qu'il ne faut pas trop demander même à des délinquantes et à des criminelles ; et, contrairement à l'usage, il n'exigeait pas des voleuses et des entremetteuses qu'elles fussent parfaites parce qu'elles étaient punies. Il ne croyait guère à l'efficacité des châtiments pour rendre les êtres meilleurs, et il désespérait de faire de la prison une école de vertu. Ne pensant pas qu'on rend les gens meilleurs en les faisant souffrir, il épargnait le plus qu'il pouvait les souffrances à ces malheureuses. Je ne sais s'il avait des sentiments religieux, mais il n'attachait aucune signification morale à l'idée d'expiation.

— J'interprète le règlement, me dit-il, avant de l'appliquer. Et je l'explique moi-même aux détenues. Le règlement prescrit, par exemple, le silence absolu. Or, si elles gardaient absolument le silence, elles deviendraient toutes idiotes ou folles. Je pense, je dois penser, que ce n'est pas cela que veut le règlement. Je leur dis : « Le règlement vous ordonne de garder le silence. Qu'est-ce que cela signifie ? Cela signifie que les surveillantes ne doivent pas vous entendre. Si l'on vous entend, vous serez punies ; si l'on ne vous entend pas, on n'a pas de reproche à vous faire. Je n'ai pas à vous demander compte de vos pensées. Si vos paroles ne font pas plus de bruit que vos pensées, je n'ai pas à vous demander compte de vos paroles. » Ainsi averties, elles s'étudient à parler sans pour ainsi dire proférer de sons. Elles ne deviennent pas folles, et la règle est suivie.

Je lui demandai si ses supérieurs hiérarchiques approuvaient cette interprétation du règlement.

Il me répondit que les inspecteurs lui faisaient souvent des reproches ; qu'alors il les conduisait jusqu'à la porte extérieure, et leur disait : « Vous voyez cette grille ; elle est en bois. Si l'on enfermait ici des hommes, au bout de huit jours il n'en resterait pas un. Les femmes n'ont pas l'idée de s'évader. Mais il est prudent de ne pas les rendre enragées. Le régime de la prison n'est pas déjà très favorable à leur santé physique et morale. Je ne me charge plus de les garder si vous leur imposez la torture du silence. »

L'infirmerie et les dortoirs, que nous visitâmes ensuite, étaient installés dans de grandes salles blanchies à la chaux, et qui ne gardaient plus de leur antique splendeur que des cheminées monumentales de pierre grise et de marbre noir surmontées de pompeuses Vertus en ronde bosse. Une Justice, sculptée vers 1600 par quelque artiste flamand italianisé, la gorge libre et la cuisse hors de sa tunique fendue, tenait d'un bras gras ses balances affolées dont les plateaux se choquaient comme des cymbales, et tournait la pointe de son glaive contre une petite malade couchée dans un lit de fer, sur un matelas aussi mince qu'une serviette pliée. On eût dit un enfant.

— Eh bien ! cela va mieux ? demanda le docteur Cabane.

— Oh ! oui, monsieur, beaucoup mieux.

Et elle sourit.

— Allons, soyez bien sage et vous guérirez.

Elle regarda le médecin avec de grands yeux pleins de joie et d'espérance.

— C'est qu'elle a été bien malade, cette petite, dit le docteur Cabane.

Et nous passâmes.

— Pour quel délit a-t-elle été condamnée ?

— Ce n'est pas pour un délit, c'est pour un crime.

— Ah !

— Infanticide.

Au bout d'un long corridor, nous entrâmes dans une petite pièce assez gaie, toute garnie d'armoires, et dont les fenêtres, qui n'étaient pas grillées, donnaient sur la campagne. Là, une jeune femme, fort jolie, écrivait devant un bureau. Debout, près d'elle, une autre, très bien faite, cherchait une clef dans un trousseau pendu à sa ceinture. J'aurais cru volontiers que ce fussent les filles du directeur. Il m'avertit que c'était deux détenues.

— Vous n'avez pas vu qu'elles ont le costume de la maison ?

Je ne l'avais pas remarqué, sans doute parce qu'elles ne le portaient pas comme les autres.

— Leurs robes sont mieux faites et leurs bonnets, plus petits, laissent voir les cheveux.

— C'est, me répondit le vieux directeur, qu'il est bien difficile d'empêcher une femme de montrer ses cheveux, quand ils sont beaux. Celles-ci sont soumises au régime commun et astreintes au travail.

— Que font-elles ?

— L'une est archiviste et l'autre bibliothécaire.

Il n'y avait pas besoin de le demander : c'étaient deux « passionnelles ». Le directeur ne nous cacha pas qu'aux délinquantes il préférait les criminelles.

— J'en sais, dit-il, qui sont comme étrangères à leur crime. Ce fut un éclair dans leur vie. Elles sont capables de droiture, de courage et de générosité. Je n'en dirais pas autant de mes voleuses. Leurs délits, qui restent médiocres et vulgaires, forment le tissu de leur existence. Elles sont incorrigibles. Et cette bassesse, qui leur fit commettre des actes répréhensibles, se retrouve à tout instant dans leur conduite. La peine qui les atteint est relativement légère et, comme elles ont peu de sensibilité physique et morale, elles la supportent le plus souvent avec facilité.

« Ce n'est pas à dire, ajouta-t-il vivement, que ces malheureuses soient toutes indignes de pitié et ne méritent point qu'on s'intéresse à elles. Plus je vis, plus je m'aperçois qu'il n'y a pas de coupables et qu'il n'y a que des malheureux. »

Il nous fit entrer dans son cabinet et donna à un surveillant l'ordre de lui amener la détenue 503.

— Je vais, nous dit-il, vous donner un spectacle que je n'ai point préparé, je vous prie de le croire, et qui vous inspirera sans doute des réflexions neuves sur les délits et les peines. Ce que vous allez voir et entendre, je l'ai vu et entendu cent fois dans ma vie.

Une vieille femme, accompagnée d'une surveillante, entra dans le cabinet. C'était une paysanne rude, informe, sans front ni menton, borgne.

— J'ai une bonne nouvelle à vous annoncer, lui dit le directeur. M. le Président de la République, instruit de votre bonne conduite, vous remet le reste de votre peine. Vous sortirez samedi.

Elle écoutait, la bouche ouverte, les mains jointes sur le ventre. Mais les idées n'entraient pas vite dans sa tête.

— Vous sortirez samedi prochain de cette maison. Vous serez libre.

Cette fois elle comprit, ses mains se soulevèrent dans un geste de détresse, ses lèvres tremblèrent :

— C'est-il vrai qu'il faut que je m'en aille ? Alors, qu'est-ce que je vais devenir ? Ici j'étais nourrie, vêtue, et tout. Est-ce que vous pourriez pas le dire à ce bon monsieur, qu'il vaut mieux que je reste où je suis ?

Il l'avertit qu'à son départ elle recevrait une certaine somme, dix ou douze francs.

Elle sortit, pensant à cet argent.

Je demandai ce qu'elle avait fait, celle-là.

Il feuilleta un registre :

— 503. Elle était servante chez des cultivateurs… Elle a volé un tablier à ses maîtres… Vol domestique… Vous savez, la loi punit sévèrement le vol domestique.

V

— Il n'est pas convenable, dit Jean Marteau, de manquer de pain. C'est une incorrection. La faim devrait être un délit comme le vagabondage. Mais en fait les deux délits se confondent, et l'article 269 punit de trois à six mois de prison les gens qui n'ont pas de moyens de subsistance. Le vagabondage, dit le code, est l'état des vagabonds, des gens sans aveu, qui n'ont ni domicile certain ni moyens de subsistance et qui n'exercent habituellement aucun métier, aucune profession. Ce sont de grands coupables.

— Il est remarquable, dit M. Bergeret, que l'état de ces vagabonds, passibles de six mois de prison et de dix ans de surveillance, est précisément celui où le bon saint François mit ses compagnons, à Sainte-Marie-des-Anges, et les filles de sainte Claire. Saint François d'Assise et saint Antoine de Padoue, s'ils venaient prêcher aujourd'hui à Paris, risqueraient fort d'aller dans le panier à salade au dépôt de la Préfecture. Ce que j'en dis n'est pas pour dénoncer à la police les moines mendiants qui pullulent maintenant et trublionnent chez nous. Ceux-là ont des moyens d'existence et ils exercent tous les métiers.

— Ils sont respectables puisqu'ils sont riches, dit Jean Marteau, et la mendicité n'est interdite qu'aux pauvres. Ne possédant rien, j'étais un ennemi présumé de la propriété, et il est juste de défendre la propriété contre ses ennemis. La tâche auguste du juge est d'assurer à chacun ce qui lui revient, au riche sa richesse et au pauvre sa pauvreté.

— J'ai médité la philosophie du droit, dit M. Bergeret, et j'ai reconnu que toute la justice sociale reposait sur ces deux axiomes : Le vol est condamnable. Le produit du vol est sacré. Ce sont là les principes qui assurent la sécurité des individus et maintiennent l'ordre dans l'État. Si l'un de ces principes tutélaires était méconnu, la société tout entière s'écroulerait. Ils furent établis au commencement des âges. Un chef vêtu de peaux d'ours, armé d'une hache de silex et d'une épée en bronze, rentra avec ses compagnons dans l'enceinte de pierres où les enfants de la tribu étaient renfermés avec les troupeaux des femmes et des rennes. Ils ramenaient les jeunes filles et les jeunes garçons de la tribu voisine et rapportaient des pierres tombées du ciel, qui étaient précieuses parce qu'on en faisait des épées qui ne pliaient pas. Le chef monta sur un tertre, au milieu de l'enceinte, et dit : « Ces esclaves et ce fer, que j'ai pris à des hommes faibles et méprisables, sont à moi. Quiconque étendra la main dessus sera frappé de ma hache. » Telle est l'origine des lois. Leur esprit est antique et barbare. Et c'est parce que la justice est la consécration de toutes les injustices, qu'elle rassure tout le monde. Un juge peut être bon, car les hommes ne sont pas tous méchants ; la loi ne peut pas être bonne parce qu'elle est antérieure à toute idée de bonté. Les changements qu'on y a apportés dans la suite des âges n'ont pas altéré son caractère original. Les juristes l'ont rendue subtile et l'ont laissée barbare. C'est à sa férocité même qu'elle doit d'être respectée et de paraître auguste. Les hommes sont enclins à adorer les dieux méchants, et ce qui n'est point cruel ne leur semble point vénérable. Les justiciables croient à la justice des lois. Ils n'ont point une autre morale que les juges, et ils pensent comme eux qu'une action punie est une action punissable. J'ai été souvent touché de voir, en police correctionnelle ou en cour d'assises, que le coupable et le juge s'accordent parfaitement sur les idées de bien et de mal. Ils ont les mêmes préjugés et une morale commune.

— Il n'en saurait être autrement, dit Jean Marteau. Un malheureux qui a volé à un étalage une saucisse ou une paire de souliers n'a pas pour cela pénétré d'un regard profond et d'un esprit intrépide les origines du droit et les fondements de la justice. Et ceux qui, comme nous, n'ont pas craint de voir la consécration de la violence et de l'iniquité à l'origine des codes, ceux-là sont incapables de voler un centime.

— Mais enfin, dit M. Goubin, il y a des lois justes !

— Croyez-vous ? demanda Jean Marteau.

— M. Goubin a raison, dit M. Bergeret. Il y a des lois justes. Mais la loi, étant instituée pour la défense de la société, ne saurait être, dans son esprit, plus équitable que cette société. Tant que la société sera fondée sur l'injustice, les lois auront pour fonction de défendre et de soutenir l'injustice. Et elles paraîtront d'autant plus respectables qu'elles seront plus injustes. Remarquez aussi qu'anciennes, pour la plupart, elles représentent non pas tout à fait l'iniquité présente, mais une iniquité passée, plus rude et plus grossière. Ce sont des monuments des âges mauvais, qui subsistent dans des jours plus doux.

— Mais on les corrige, dit M. Goubin.

— On les corrige, répondit M. Bergeret. La Chambre et le Sénat y travaillent quand ils n'ont pas autre chose à faire. Mais le fond subsiste : il est âpre. À vrai dire, je ne craindrais pas beaucoup les mauvaises lois si elles étaient appliquées par de bons juges. La loi est inflexible, dit-on. Je ne le crois pas. Il n'y a point de texte qui ne se laisse solliciter. La loi est morte. Le magistrat est vivant ; c'est un grand avantage qu'il a sur elle. Malheureusement il n'en use guère. D'ordinaire, il se fait plus mort, plus froid, plus insensible que le texte qu'il applique. Il n'est point humain ; il n'a point de pitié. L'esprit de caste étouffe en lui toute sympathie humaine.

» Je ne parle ici que des magistrats honnêtes.

— C'est le plus grand nombre, dit M. Goubin.

— C'est le plus grand nombre, répondit M. Bergeret, si nous considérons la probité vulgaire et la morale commune. Mais est-ce assez que d'être à peu près un honnête homme pour exercer sans erreurs et sans abus le pouvoir monstrueux de punir ? Le bon juge devrait unir l'esprit philosophique à la simple bonté. C'est beaucoup demander à un homme qui fait sa carrière et veut avancer. Sans compter que s'il fait paraître une morale supérieure à celle de son temps, il sera odieux à ses confrères et soulèvera l'indignation générale. Car nous appelons immoralité toute morale qui n'est point la nôtre. Tous ceux qui ont apporté un peu de bonté nouvelle au monde essuyèrent le mépris des honnêtes gens. C'est bien ce qui est arrivé au président Magnaud.

» J'ai là ses jugements réunis en un petit volume et commentés par Henry Leyret. Ces jugements, quand ils furent prononcés, indignèrent les magistrats austères et les législateurs vertueux. Ils sont empreints d'une philosophie profonde et d'une bonté délicate. Ils témoignent de l'esprit le plus élevé et de l'âme la plus tendre. Ils sont pleins de pitié, ils sont humains, ils sont vertueux. On estima dans la magistrature que le président Magnaud n'avait pas l'esprit juridique, et les amis de M. Méline l'accusèrent de ne point assez respecter la propriété. Et il est vrai que les « attendus » dont s'appuient les jugements de M. le président Magnaud sont singuliers ; car on y rencontre à chaque ligne les pensées d'un esprit libre et les sentiments d'un cœur généreux.

M. Bergeret, prenant sur la table un petit volume rouge, le feuilleta et lut :

« La probité et la délicatesse sont deux vertus infiniment plus faciles à pratiquer quand on ne manque de rien, que lorsqu'on est dénué de tout. »

« Ce qui ne peut être évité ne saurait être puni. »

« Pour équitablement apprécier le délit de l'indigent, le juge doit, pour un instant, oublier le bien-être dont il jouit, afin de s'identifier autant que possible avec la situation lamentable de l'être abandonné de tous. »

« Le souci du juge, dans son interprétation de la loi, ne doit pas être seulement limité au cas spécial qui lui est soumis, mais s'étendre encore aux conséquences bonnes ou mauvaises que peut produire sa sentence dans un intérêt plus général. »

« C'est l'ouvrier seul qui produit et qui expose sa santé ou sa vie au profit exclusif du patron, lequel ne peut compromettre que son capital. »

Et j'ai cité presque au hasard, ajouta M. Bergeret en fermant le livre. Voilà des paroles nouvelles et qui rendent le son d'une grande âme !